特別の教科 道徳

指導と評価
支援
システム

安井政樹／著

はじめに

「なぜ道徳を学ぶの？」

皆さんは、子どもたちにどう説明するでしょうか？

私は、よくこんな話をします。

学校では勉強して賢くなるよね。そして体育では、体力をつけ、強い力を身に付けたり、足が速くなったりしますね。では、そうやって身に付けた力を、君たちは何のために使いますか？

頑張って身に付けた賢さは、人をだますために使いますか？

体力は、泥棒をして、逃げるために使いますか？

なんだか、それだと残念ですね。

……ここまで言うと、心を育てる道徳を学ぶ意味が分かってきたんじゃないかな？

道徳は授業だけでは完結しません。子どもがイメージできるような言葉で「道徳を学ぶ意味」を語り共有することが大切だと考えています。この説明が一番いいということではなく、ぜひ、その学級ならではの言葉で語り合い、共有していただきたいのです。これは、教師が自分の実践の芯をもつことにもつながります。

そんな道徳科の授業のつくり方、子どもの学びを評価する方法について、本書で一緒に考えていきましょう。

授業改善しながら働き方改革

毎日の授業準備、大変でしょうか？楽しいでしょうか？両方でしょうか？子どもの学びと同じで、「見通しがもてない」「やり方が分らない」では、当然やる気のスイッチはなかなか入りません。

1

私は令和3年度まで札幌市で教員をし、4年度から札幌国際大学に赴任しました。ここでは私が研究してきた道徳教育だけでなく、ICTを活用したレポートの書き方などの講義を受けもっています。今後のキャリアでは、その両方を生かして、私が学んできたこと、今研究していることを現場の先生に還元したいという思いが大学で働こうと思ったきっかけです。

　本書では、先生たちの授業づくりを応援したい。そうして、「特別の教科　道徳」（以下、道徳科とします）において、「何を指導したいか」「どのように指導していくか」を明確にすることで、先生方が自らの授業を振り返られるようにしたい。そして、日々の授業の積み重ねを見える化することを通して、結果として評価業務まで見通しをもって、効率的に仕事をしていただきたいという願いを込めて作成しています。

　さらに本書では、現場の先生方との意見交換を重ねてつくった「指導と評価支援システム」（エクセルファイル）を提案します。システムはあくまで以下のメリットを具体化したものです。システムを使用されない方でも、「業務改善」につながる内容を意識しています。メリットとは

① 年間指導に見通しをもてる
② 毎時間の授業づくりに困らなくなる
③ 所見文例の作成が短時間で的確になる

です。これにより、授業改善をしながら同時に働き方改革を目指したいと思うのです。

　本システムのエクセルファイルの使い方の概要は

① 学年当初：エクセルシートに道徳科で目指す姿を入力（学年で相談して）
② 授 業 前：エクセルシートの目指す姿やそのための手立てのヒントを生かして授業実施（学年研修で数分の打ち合わせを）
③ 授 業 後：エクセルシートの目指す姿に基づいて、特に良さが出ていた児童を入力（クリック1つで記録）
④ 所見作成：エクセルシートでこの子が特に成長した姿、その姿が顕著に表れていた教材を選択するだけで、所見文のもとが完成（数回のクリックで）

というものです。

書籍の出版とは関係なく、複数の学校が私の提案とシステムを受け入れて
くださり、たくさんのフィードバックを頂きました。その中で、「指導と評
価支援システム」試作版を使用した教員のほぼ全員が、「評価業務の効率化
に役立った」とご回答いただいています。

　このシステムを活用することによって生み出された時間と心のゆとりで、
子ども一人一人をさらにみつめ、よりよい指導やよりよい評価につなげてい
ただきたい。指導と評価の一体化を進めながら、働き方改革を実現したい。
そのような思いを形にしました。

　ネット上で、このデータを公開するのではなく、書籍とセットでお届けす
るのは、趣旨を理解して、よりよい授業のため、子どものためにご活用いた
だきたいからです。

　「子どもをよく見ないでいても、評価文ができてしまうのではないか？」
というご懸念は、もっともです。そういう方がおられるとすれば、このシス
テムがあろうがなかろうが、これまででも出されている所見例文集をそのまま
打ち込んでいたのではないでしょうか。

　こういう先生は、きっと、どうしてよいかもわからず、提出期限に追われ
てしまったのでしょう。どう評価してよいかが分からないから、そういう状
況になってしまったのではないかと思うのです。そういう先生にこそ、手に
していただきたいのです。

　第一章〜第四章では、このシステムを活用するための基盤となる道徳科の
指導と評価について記しています。第五章で、システムの実際についてご説
明しています。本書と本システムを各学校での、教育活動の充実に生かして
いただけますと幸いです。なお、このシステムをできるだけ多くの皆様にお
手元にお届けしたいと考え、東洋館出版社杉森尚貴様の強力なバックアップ
で実現することができました。改めて感謝申し上げます。

札幌国際大学准教授　安井政樹

■目次

第三章 コンピテンシーベースの授業づくり（付録つき）

本書の活用法

とにかく評価に困っている！という先生は…

とりあえず、第五章を読んで、システムを触ってみましょう。

そうすると、「あ、こういう姿が見られるようになればいいのか？」という目指す子どもの姿が見えてきます。

すると、授業の設計や授業中の声掛けが変わってきます。

例えば、自分事としてとらえられるような場面をつくろう。多面的な見方や考え方を感じられる場面を設定しよう。というような授業づくりにつながったり、「そういう経験はある？」「自分の今までとつなげて考えるっていいね。」というような学び方についての声掛けができるようになっていきます。

普段からこうした学び方を大切にして指導していることを積み重ねた結果が、通知表や指導要録の所見文につながります。

道徳科の指導を充実させたい！という先生は…

まず、本書を読みながら、コンピテンシーベースの道徳科について考えてみてください。道徳科をご専門とされる先生方は、とても熱心に教材研究をされています。これは、コンテンツベースの授業づくりに偏りがちです。

教育は、最終的には「教師の手を離れても学んでいける一人前を育てる」ことが重要であると私は考えます。そういう意味で、授業の名人の先生がいるから学べるというお膳立てを減らし、子ども自身がたくましく生きていくことが求められます。

そういうことを目の前の子どもたちを思い浮かべながら考えてみてください。

そして、システムを触ってみてください。目指す子ども像が、きっと見えてくるはずです。これが、その先生オリジナルの指導と評価支援システムへとつながっていくのです。

＊システムデータ（エクセルファイル）のダウンロード方法は、P.125 をご覧ください。

第一章

"栄養素を摂れるようにする"道徳科

子どもたちが道徳科で「何を学ぶか」「どのように学ぶか」を言語化できるようにする

内容項目はよりよく生き方を考えるための「窓口」である

　本書を手に取る前、皆さんは、何のご飯を召し上がりましたか？どうして、それを食べたのでしょうか。主に「お腹が空いていたから」「おいしいものを食べたかった」などの目的があると思いますが、「生きるのに必要な要素を摂るため」とも言えます。

　食生活で言うと、健康的に生きるためには、「たんぱく質」「脂質」「カルシウム」「ビタミン」……と様々な「身体の栄養素」を摂ることが大切になってきます。どれかが不足すると、体調に不調が現れることもあります。

　さて、道徳科に話を戻してみましょう。「節度・節制」「正直・誠実」「思いやり・親切」……など内容項目は、よりよく生きるための基盤となる道徳性を養うために必要な「心の栄養素」としてとらえることができます。どれ

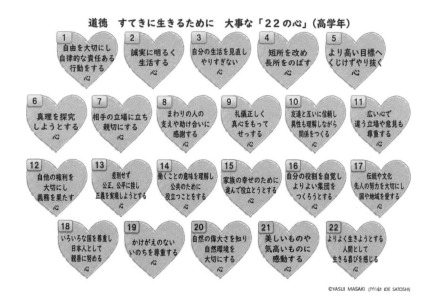

道徳　すてきに生きるために　大事な「２２の心」（高学年）

1　自由を大切にし自律的な責任ある行動をする心
2　誠実に明るく生活する心
3　自分の生活を見直しやりすぎない心
4　短所を改め長所をのばす心
5　より高い目標へくじけずやり抜く心
6　真理を探究しようとする心
7　相手の立場に立ち親切にする心
8　まわりの人の支えや助け合いに感謝する心
9　礼儀正しく真心をもってせっする心
10　友達と互いに信頼し異性も理解しながら関係をつくる心
11　広い心で違う立場や意見も尊重する心
12　自他の権利を大切にし義務を果たす心
13　差別せず公正、公平に接し正義を実現しようとする心
14　働くことの意味を理解し公共のために役立つことをする心
15　家族の幸せのために進んで役立とうとする心
16　自分の役割を自覚しよりよい集団をつくろうとする心
17　伝統や文化先人の努力を大切にし国や地域を愛する心
18　いろいろな国を尊重し日本人として親善に努める心
19　かけがえのないいのちを尊重する心
20　自然の偉大さを知り自然環境を大切にする心
21　美しいものや気高いものに感動する心
22　よりよく生きようとする人間として生きる喜びを感じる心

©YASUI MASAKI（デザイン協力 IDE SATOSHI）

かの栄養素が不足すると、生き方にも不調が現れてくるのかもしれません。

　例えば、小学校高学年では、次のような内容項目（心の栄養素）があります。これは、内容項目を子どもたちにも捉えやすいように端的な言葉で表した資料「22の心」です。私はそれぞれの内容項目がめざす姿を言語化して共有するようにしています。なお、こちらは発達の段階に合わせて言語化しているもので、本書ダウンロードデータで低中高学年用をそれぞれ用意しているのでご参照ください。

　この栄養を子どもがどのようにとるのかも重要です。価値観を押し付けるように、無理やり食べさせるようなこともいけませんし、「あーん」と口に入れてあげるようなお膳立てしすぎることもいけません。それは、子ども一人一人が、自分で「心の栄養素」を摂れるような力を付けることが大切だからです。その子の人生にずっとついていくことは、誰にもできないのです。だからこそ、将来にわたって自ら学び続ける人を育てたいということです。

　これは、道徳科の小学校学習指導要領解説では、次のように示されています。

第2節　道徳科の目標（「第3章　特別の教科　道徳」の「第1　目標」）の解説
「多様な価値観の、時に対立がある場合を含めて、自立した個人として、また、国家・社会の形成者としてよりよく生きるために道徳的価値に向き合い、いかに生きるべきかを<u>自ら考え続ける姿勢こそ道徳教育が求めるものである</u>」（下線は著者）

　教師が「教える授業」から、教師が「学び方を教える授業」へと転換していくことが求められていることが、ここからも分かります。

子どもたちが自ら「栄養を摂れる」ようになる指導を目指す

　「自分が街を歩いていたら、ゴミが落ちていた」というシーンを空から見るかのように想像してください。皆さんの目にはその時に自分がどう映り、どのような心の動きをしているように見えるでしょうか。

「そもそも気づきもしない」
「『あ、ごみが落ちている』と気づく（がそのまま）」
「自分のではないけど、拾う（しかたなく）」
「街がきれいになるように拾う（気持ちいい）」

　同じ状況に置かれたとしても、人の心のありようは様々です。どれが正解ということでもありませんし、時と場合にもよるかもしれません。

　「ゴミは拾った方が環境のためにいいと思います。」という分かり切った話をみんなで45分し続けていても、子どもたちの心は動きません。むしろ、白けてしまうかもしれませんし、こういう授業を続けていけば道徳を嫌いになっていくのだろうと思います。教師が教え、分かったつもりになり、「考えることをやめる」のでは、本末転倒なのです。

　道徳の時間では、自分に引き寄せて語り合うに考えることによって、「あー、袋や火ばさみがあれば、拾えたのにな。」ということに思いを寄せることができるかもしれません。これを「方法論だ。道徳は方法を考える時間ではない。」と切り捨てるのではなく、「道具があれば、きれいにしたいという気持ちを実現できると考えたんだね。」とその子の道徳的諸価値の理解を基にした発言ととらえることが大切です。こうした積み重ねで、子どもたちは自我関与をしながら学びを進めることができるのだろうと思うのです。

　　C：これからは、歩道にごみがあったら拾いたいです。
　　T：その気持ちは、素敵だね。
　　C：でも、汚い時もあるしなぁ。拾いたくないゴミもある。
　　C：なんで捨てる人がいるんだろう。そんな人がいなくなればいいのに。
　　T：確かにそうだねぇ。
　　C：みんなが自然を大事にする気持ちをもたなきゃ。

　この議論、一見人任せに見えるかもしれませんが、子どもがリアルの中で

考えている証拠ともいえます。そして、このように実社会のリアルとつなげて考えていること自体が、まさに自分の生き方を考えていることにつながるにではないかと思うのです。これが自我関与といえるのです。

「誰だろう、こんなところに捨てるの。そういう人間にはなりたくないな。」と日常の出来事と自己の生き方とをつなげて考えられることが大切です。どんなに素敵なことを言っていても、「私にはできないけど。」とか「そういうことがないから実際にできるか分かりません。」という他人事では、意味はないのです。

自己のよりよい生き方を考え続け姿勢をもてるようにするために行うのが、道徳科の授業なのではないかと私は考えます。

自分事として考え、こういう意識をもった子たちは、日々の通学路で社会をよく見るようになります。汚している人もいれば、きれいにする人もいることに気付くのです。こうした自分との関わりで見たり、多面的多角的に見たりできる「道徳の目」を養うことで、世の中を見られるようになることが、考え続ける姿勢を養うことにつながります。

このように、道徳科では「栄養を摂る」ことだけではなく、自分で「栄養を摂れるようにする」ということが大切なのです。道徳の時間だけではなく、日常の生活の中で「道徳の目」をもって、実社会と自分の生き方とつなげて考えられるようにするということをめざしたいものです。すると、生涯にわたってよりよく生きるための「道徳的に健康的な体」ができるのかもしれないのです。

このことは、「何を学ぶか」と「どのように学ぶか」という枠組みでも整理できますし、「コンテンツベース」と「コンピテンシーベース」と整理することもできます。

自分の心の健康診断

多くの先生たちは、自分の健康の状況を知るために「健康診断（人間ドック）」を年に１回受けます。そうすることで、自分の栄養状態に気付き、今後より健康的な生き方ができるように生活改善をしようとします。また、風

邪をひいたときに「ビタミン足りていなかったかなぁ」。骨折したときに「あ、カルシウムが足りていなかったかな」と、ふとした出来事で、自分の身体の栄養状態に気づくことがあります。そのうち、心身がネガティブな状況になる前に、「この頃、野菜食べていないなぁ」「お肉を食べてスタミナをつけたいな」と自分の健康状態に気付き、自ら栄養素を摂取することができるようになります。

　これは、身体にとって大事な栄養素を、知識としても、体感的にも知っているからこそできることです。

　さて、ここで、心の栄養に話を戻してみます。

　これを読んでいる読者の皆さんは、親切の心は大きく育っていますか？努力する心はどうでしょうか。節度・節制の心は…。私は、そういわれると、どこか自信がなく、成長していない部分がまだまだ多いなぁ…と思います。

　だからこそ、道徳的価値の意味をもう一度考えることが大切なのかもしれません。また日々の生活ではなかなか考えられないようなことでも、冠婚葬祭に際して一度立ち止まって「命」や「人生」について改めて考えたりしながら、自分のよりよい生き方を見つめていることが、自分の心が豊かになる栄養となっているのかもしれません。

「やらなきゃいけないのに、どうしても、頑張れない。」

　この時に必要な「心の栄養素」は何でしょう。「夢や希望」でしょうか「努力」でしょうか。きっと、その時にやろうとしていることや状況にもよります。

　こうしたとき自分を支える、もしくは、周りにこういう人がいたときに支えられるようになるために、道徳科における学びが役に立ちます。しかし、人から押し付けられた価値観は、ここでは機能しません。頭で分かっていても、実現できないことは多いのです。

努力

夢や希望

道徳科での「内容項目」を意識した学びによって、このような「心の栄養素」自体を知り、自分でよりよい心を育てていくことが必要なのです。

お気づきの通り、これは、学校でだけ学ぶことではありません。普段の生活でも、大事なことです。また、子ども時代だけではなく、大人になってからも、ずっと大事なのです。

もちろん、何か躓いたり失敗したりするときに、「でも頑張れたな。」と自分自身のよさを感じられることも大切です。こうした自己を見つめる練習も道徳科の時間に積み重ねていくわけです。

自分って「素敵な心」をもっているな。

自分に「足りない心」は、何だろう。

こうした自分の心を見つめたり、周りの人の心を推し量ったりできる「道徳の目」を育てたいですね。その目を養う窓口が内容項目であり、自分の心が育ってきているかどうかを見つめる際にも内容項目を生かすことができるのです。

嫌がる子どもに食べさせるものではない

教師に言われなくても子どもが考えられる状況をつくる

「いいから少しは野菜を食べなさい。」こうしたアドバイスは、子どもが健康な生活を送るために、大事なことかもしれません。しかし、理想は、「自分で好んで、体に良いものを食べるようになる」ことです。

野菜を嫌煙するのは、最初にその野菜を食べたときにおなかがいっぱいでそのおいしさが分からなかったのかもしれません。もしくは、その子にとっては適した調理法ではなく、まずく感じて嫌いになってしまったのかもしれません。単においしい調理法に出会っていないだけかもしれません。

もしかすると、調理の仕方やタイミング次第で、おいしく食べられるようになるかもしれないのです。

これを、道徳科における「心の栄養素」で考えてみましょう。

> 道徳の時間が来た。今日の授業は教科書の〇ページ。特に興味もないが、先生の質問に答える。まとめらしいものがあり、それをノートに書いて、これから頑張ったほうがよさそうなことを一応書く。

　この学びでは、自分事にはなっていません。準備したのにお互いがセリフを読み合っているようで、悲しくなります。

　私は、次のような姿を見たいです。

> 道徳の時間が来た。今日は、〇〇についてか。確かに自分もそういうことで悩むことあるよなぁ。どうしたらいいんだろう。みんなで話し合ってみよう……。
> なるほど、こういう気持ちがあれば自分も変われるかも！

　読んでいて、なんだか、心がぽかぽかしてきます。それは、「体にいいから食べなさい！」と食べさせるのと同じような「受け身の学習」ではなく、子どもの前向きな気持ちのおかげで、自ら触れてみたくなるような道徳科の授業になっているからだと思います。
　主体的に考えたいという子どもの姿。道徳を楽しんでいる姿。学ばされているのではなく、自分の人生のために自らが学ぶ姿。先生の仕事の消化のために付き合う道徳ではなく、先生と一緒に考えてみたい。こういう姿を引き出すために重要になるのは「子どもと教材との出会い方」なのです。

子どもと教材の出会い

　「日曜日の公園で」（光村図書）という教材を例に考えてみます。この教材の中では、子どもが公園でもめるシーンが描かれています。範読後に、

　　T：公園でもめたことある？
　　C：ある！！毎日大変、先生もいないからすぐ喧嘩になる！
　　T：なるほどね、そういうことよくありそうだね。今日は、君たちと同じ

ように、悩んでいる子が出てくるお話で考えてみようか。

　C：僕らみたいな喧嘩かな？どうやって解決しているのかな？

　このように、学びの必要感を感じるようないざない方をしていただきたいのです。これは、例えていうなれば、おなかがすいている状態を作るということです。おなかがすいているから食べたくなる。知りたいから、話し合ったり考えたくなったりするのです。

　今日は、教科書何ページ？お話の題は？というスタートとは違う教材との出会い方ではどうでしょう。おなかもすいていないのに、食事の時間だから食べましょう。という苦痛の時間になってしまいます。

　子どもの身近な話題だったり、最近実生活であった出来事と共通点があって考えたくなるような導入をするなど、身近に感じられるようにしたりするわけです。実は、自分たちにも似たようなことがあるんだよ。と見えているようで見えていないものを見えるようにすることは、教師の大切な役目だと私は考えます。

　もう一つ、例をあげてみます。「手品師」という教材ではどうでしょうか。

　T：後悔したこと（心がもやもやした経験）ある？

　C：あるある！

　T：逆に、こっちを選んでよかった！ということはあるかな？

　C：えっと……

　T：そういう行動の選択のとき、みんなは何を大事にして選んでいるの？

　C：得するかどうか！楽しいかどうか！つらくないほう！

　T：そうすると、後悔しないのね？

　C：いや、そういうわけじゃなさそうだなぁ。みんなはどう思っているのかなぁ。

　T：今日は、ある手品師のエピソードから、行動を選択するときの心のエネルギーについてみんなで考えてみましょう。

このように、普段あまり気に留めていないことを一回立ち止まって考える

ということも道徳科では大切です。なんとなく生きている日常をしっかり考えてみたくなるような仕掛けが大切なのです。そういう意味で、教材との出会い、子どもと教材をつなぐことを大切にしてみてほしいと思います。

　一方で、先生に言われなくても自分で問える子も育てたいなぁと思います。学習指導要領でも、学習の基盤となる資質能力として、「問題発見・解決能力」の育成が求められています。これは、各教科等を通して育成していくことが求められており、道徳科も例外ではありません。

　「食べさせられる」を卒業して「自分のために、自分で食べられる」ように。
　「考えさせられる」を卒業して「自分のために、自らで考えて学べる」ように。

　そういう子を育てるための授業づくり、学び方を学ぶ道徳科において大切なことを、本書でご提案したいと思います。

偏食にならないように

内容項目を満遍なく扱う
　お肉もお魚も野菜もバランスのよい家庭もあれば、何かに偏りがちな家庭もあるかもしれません。これは、家庭の問題ですので、私が口をはさめる問題ではありません。

　しかし、道徳の授業づくりについては、担任の得意不得意や好みによって、子どもと味わう授業に偏りがあっては困ります。
　『学習指導要領（平成二九年告示）解説　特別の教科　道徳編』に、次のような記述があります。

> 「第2内容」は、教師と児童が人間としてのよりよい生き方を求め、共に考え、共に語り合い、その実行に努めるための共通の課題である。学校の教育活動

全体の中で、様々な場や機会を捉え、多様な方法によって進められる学習を通して、**児童自らが調和的な道徳性を養うためのもの**である。（下線は著者、以下同）

したがって、各学年段階においては、このような関連を考慮しながら、四つの1内容の基本的性格24視点に含まれる**全ての内容項目について適切に指導しなければならない。**

　このように、学習指導要領でも、調和的な指導、全ての内容項目について適切に指導することの大切さが示されているのです。調和的ということが意味することを考えると、偏りは避けたほうがよいということが分かります。これは、内容はもちろん、方法についても言えます。

　また、「教師と子どもが共に考え、共に語り合い……」という部分からは、教師が得意なことや詳しいことを教えるという授業ではなく、共に考えていく伴走者としての役割を感じることができます。つまり、教師自身が悩むこともOKで、だからこそ変に教えようとしないことが大事とも言えるのです。教師の苦手は、固定観念に縛られず、子どもと共に考えることができるという強みにもなり得ます。

　感動、畏敬の念の内容項目が苦手という声をよく聞きます。だから教材研究を一生懸命にして、この教材で何を伝えるべきかを一生懸命に学ぶ方もいます。それを否定するわけではありませんが、教えたい気持ちが強くなると「教師と子どもが共に考え、共に語り合い……」という授業から、どんどん遠ざかってしまうのです。

　むしろ、子どもたちはどう思うのかなぁ。一緒に考えてみよう。という姿勢を大事にしてみてください。これは、もちろんなにも準備をしないで無策に子どもと一緒に話すということではありません。どんな視点をもてば、さらに考えることができるのかという内容項目に基づいた教材研究、本時だけではなくその内容項目の前後の教材も含めての教材研究をしてながら、子どもと共に考える姿勢をもてるといいですね。

　一方で、年間指導計画は、子どもの実態によって柔軟に変更していくことも大切です。教科書会社が作成した年間指導計画例は、あくまで例であり、

その学校らしさがある年間指導計画の方が素敵だと思います。

　これはあくまで「子どもによって」であって、先生好みの問題ではないことを改めて言及しておきます。感動、畏敬の念の授業は苦手、友情、信頼や親切、思いやり、規則の尊重など身近に考えやすい内容ばかりというような指導は、子ども主体という視点からも、やはり避けるべきなのです。

　調和的というのは、すべての内容項目を平均的にという意味ではありません。子どもの実態から、重点を置いて学ぶことが必要と思う内容項目を決め、軽重をかけた指導計画を作っていくことが、調和的な指導に結び付けていくのです。これについては、次項で説明します。

標準指導時数と内容項目数

子どもの実態学校の実態で重点を決める── 85 時間の使い方に宿る教師の専門性

　35 時間という標準時数に対して、内容項目数が少ないことをどのようにとらえていらっしゃいますか。

　「教科書通りやっているから、意識したことがない」という方もいるでしょう。教科書は主たる教材ですので、これをいかして授業を展開するということ自体は間違いではありません。しかし、「もっとこの内容項目について、子どもたちに考えてほしいなぁ」という思いがありませんか？

　例えば、1 年生では 34 時間が標準時数です。それに対して内容項目は 19 個。その差は 15 となります。つまり、15 個の内容項目については、さらに 1 時間ずつ指導できるということになります。もっと言えば、ある内容項目に重点を置いて、さらに多くの時間をかけるということもできるでしょう。

　ある学校では、「生命の尊重」を重点に置いていました。教科書の教材だけではなく、さらに各学年でプラス 1 の指導をすることにしたのです。すると各学年 1 時間の計 6 時間を生み出すために教材を再検討することになりました。各学年で、育ちを感じる内容項目を選び、軽重をかけることになりました。

　この時に、学校全体での指導時数を意識することが大切です。減らす 6 教

材がもしも同じ内容項目だったとしたら、逆に少なすぎる可能性もあるのです。

　ここから分かる通り、それぞれの学年がバラバラに教材を入れ替えると不都合が起きるのです。だからこそ、道徳教育推進教師の役割が重要になってくるわけです。

　なお、ここで注意したいのは、一見1つの内容項目に見えていても、複数の内容があるということです。これは、教科書の構成にも着目する必要があります。教科書教材の見方については、後ほど詳しく述べたいと思います（P.43）。

　このことを1年間という短いスパンではなく、小学校6年間で単純化して考えてみると以下の表のようになります。

学年	標準時数	内容項目数	差
1年生	34時間	19項目	15
2年生	35時間	19項目	16
3年生	35時間	21項目	14
4年生	35時間	21項目	14
5年生	35時間	22項目	13
6年生	35時間	22項目	13
小学校6年間	209	124	85

　つまり85時間は、その学校や地域の実態に応じて、重点化を図り工夫した年間指導計画を作成して指導するということになります。意図的計画的な指導が大切なのです。

　さて、85時間をどうしていくのか、これは、道徳教育推進教師の先生を中心に、学校全体で考えることで、学校の特色を生かしたカリキュラムが生まれるということです。

あくまで、子どもたちの実態、地域の実態からスタートして、「小学校6年間でこういうことまで考えたり、自己を見つめたりできるように」という視点で、計画をつくるとよいでしょう。

　具体的には、子どもたちが十分に育っている。もしくは、しっかり考えられていると思う内容項目の教材の代わりに、もっと考える機会が必要であると思われる内容項目の教材を準備するわけです。なお、これは、学校の道徳教育全体計画に基づいて、学校として軽重を検討することが大切です。

　指導時間を追加する内容項目は、教科書教材以外の教材を準備する必要があります。自治体が発行する地域の教材もあれば、NHK for School の動画教材もあります。これらを活用して子どもたちの実態に応じた年間指導計画にすることが大切です。

　教科書をすべて扱うことが美学のように語られることがありますが、それは必ずしもよいとは言えない場合もあります。逆に、安易に教科書を使わずに、「面白そう」「やってみたい」という教師の思い付きも困ります。

　目の前の子どもたちにとって必要な栄養素を必要なだけ。こういう意識で見通しをもった指導をできるようになっていただきたいのです。

　なお、場当たり的な指導だと、結果的に評価を記す際に厳しい状況に直面します。本書や付録の指導と評価支援システムは、年度当初にカリキュラムを考え、それをもとに指導し、少しずつ子どもたちの見取りをメモしていくことで、年度終わりに所見文を自動生成できるというものです。これが、指導と評価の一体化につながっていくのです。

道徳科における自己調整

子どもが自身の学習状況を振り返ることができるようにする

　「『令和の日本型学校教育』の構築を目指して～全ての子どもたちの可能性を引き出す、個別最適な学びと、協働的な学びの実現～（答申）」（令和3年1月26日中央教育審議会）では、児童生徒が自己調整しながら学習を進めていくことができるよう指導することの重要性が指摘されています。その中で、教師が子ども一人一人に応じた学習活動や学習課題に取り組む機会を提供する

ことで、子ども自身が学習が最適となるよう調整する「学習の個性化」についても触れられています。

　教師が年間指導計画を中心にカリキュラム・マネジメントし、学びのマップを整理することは大事な役割です。

　しかし、忘れてはならないのが、「自ら課題を発見し、解決しよう」という自己調整できる子の育成です。

　道徳科においては、自分の心を見つめることなどを通して、道徳的な判断力、心情、実践意欲と態度を育てることが重要です。

　その際、活用するのは心の栄養素のところで先に述べた「22の心」です。なお、内容項目を数に応じて、低学年では「19の心」、中学年では「20の心」となります。

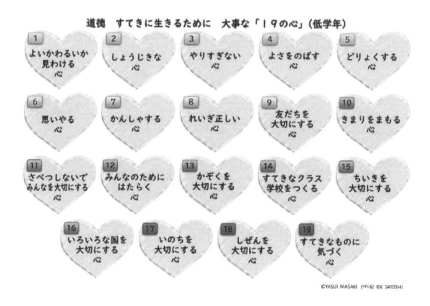

　これを活用して、まずメタ認知からスタートすることで、子どもたちは自分の現状と向き合うことができ、道徳科の準備運動になります。1年生は別として、4月の年度初めや学期末の学級活動などで「自分の今の心を見つめてみよう」と自己評価をしてみるとよいでしょう。ちなみにここで1人1台端末を活用すると、自分の心をより見える化しやすくなります。

　例えば、このようにレーダーチャート（ダウンロードデータ）として、子ど

も自身がメタ認知できるように見える化するのがおすすめです。

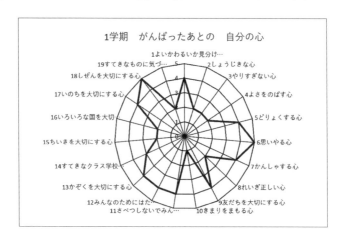

この子は、「きまりを守る心」が足りないと自己評価しています。「正直な心」や「やりすぎない心」もたりないと感じていることから、自分なりにかかわりたいと思っているのかもしれません。それと同時に「思いやる心」や「自然を大切にする心」はとてもあると感じています。「友達思いで生き物も大好きだけど、ちょっときまりを破っちゃったりやりすぎちゃったりすることがあるんだよな」などと自己分析ができているとしたら素敵ですよね。

これを2学期のスタート時に改めて確認して、学習を進めてみるとしましょう。自分が高めたいと思っている内容項目については、特に自分事として学ぼうとするのではないかと思うのです。

自分の現在地を知るからこそ、自分なりの問いが生まれる。「どうしてみんな決まりを守れているのかな？」「なんで、決まりを守るのは大事なんだろう。」「どうして、自分はつい決まりを破ってしまうのだろう。」というように、自分と結び付けて考えることもできるようになるのです。

なお、道徳の評価に数値化はなじまないと言われています。その話と、今回の自己評価で見える化することとは、意味が異なりますので補足します。この自分の心のレーダーチャートの数値や面積が大きい子が素晴らしいのではありません。あくまで自分の現在地を知る手立てです。そして、これはあくまで自己評価です。人の心をこのように教師が数値として評価できるわけ

はありません。また、そもそも他者と比べるものではありません。

　学習指導要領では、資質・能力の三つの柱の１つとして「学びに向かう力、人間性等」をあげています。そこでは、自分の思考や行動を客観的に把握し認識する、いわゆる「メタ認知」に関わる力を含むものとされています。まさに、このメタ認知を働かせるための手立てです。また、子どもの現在地を共有しておくことは、指導の重点化などにも役に立ちます。とはいえ、数値の視覚化だけでは見取れないことの方が多いので、気を付けて向き合いましょう。

　長くなりますが、もう一つ。「心の栄養素（内容項目）」を生かして、先生たち自身が自分の心の健康診断をしてみるのも勧めます。校内研修や学年研修、もしくは、子どもたちとともに行ってみましょう。

　そうすると、実現できない難しさ、理想と現実はやはり違うという人間理解の大切さに改めて気付くことができます。大人でさえよりよく生きていくことは難しいのです。「先生もなかなかできないときもあるけどね……」という本音が、子どもたちを安心させることにもつながります。こういうと、「傷のなめ合い？」という批判もあるでしょうが、まだ足りないというメタ認知は、よりよくするのエネルギーになるのだと思います。

　実際に私がやってみると、日常生活でさまざまな「迷った」場面を思い出し、その時々の判断の裏の自分の心を思い出して、胸が「ギューッ」と締め付けられる気がします。自分の生き方を見つめるということは、簡単なことではありません。そして、それを語ることは容易ではないのです。この気持ちに寄り添うことができれば、きっと子どもたちも安心して学ぶことができるのではないでしょうか。

　このことは、学習指導要領解説ではつぎのように示されています。

学習指導要領第３章の「第2 内容」は、教師と児童が人間としてのよりよい生き方を求め、共に考え、共に語り合い、その実行に努めるための共通の課題である。学校の教育活動全体の中で、様々な場や機会を捉え、多様な方法によって進められる学習を通して、児童自らが調和的な道徳性を養うための

ものである。それらは、教育活動全体を通じて行われる道徳教育の要としての道徳科はもとより、全教育活動において、指導されなければならない。

「子どもとともに学ぶ。そのために、教師自身もメタ認知をしてみる。」ということを大切にしたいですね。そのような過程で、いわゆる「正論」や「正解」も分かりつつ、そこにたどり着けない人間らしさを教師自身も実感できます。同時に、「こう生きたいな」という思いももてるはずです。教師自身が、自分の心に向き合ってみると、授業の中での子どもの声の聞こえ方が変わってきます。

　いわゆる正解を語る子。
　正解に気付きながら自分と結び付けてその難しさまで語れる子。
　自分の心の弱さに負けてなかなか理想の実現に向かえない子。

　いろいろな子の声の聞こえ方が変わってくると、問い返しも変わってきます。
　また、その時間にどのような姿を目指して指導しているのかということによっても、問い返しは変わってきます。例えば、「もっと自分の生活とつなげて考えてほしいなぁ」ということを中心にして授業を展開するのか、「なぜ、いわゆる正解が大切なのかを、いろいろな面から考えてほしいなぁ」ということ中心にして授業を展開するのか。という違いです。

　ここまで、道徳科で学び意義や、子どもとの関わりの総論について述べました。ここからは、先生も子どもも「楽」しく、先生の負担が「楽」になる授業づくりについて述べます。
　道徳科で何を学ぶか、そして、どう学ぶのか。「教師と児童が人間としてのよりよい生き方を求め、共に考え、共に語り合い、その実行に努めるための共通の課題」を考える道徳科の授業づくりを考えていきましょう。
　もしよければシステムのデータをダウンロードしていただき、システムを活用しながらよりよい道徳科の授業について考えていただければ幸いです。

第二章

日々の授業づくり

多忙化、ブラック。そんな言葉が聞こえてくる学校現場で、先生たちは日々奮闘されていることと思います。その中で、どうやって効率的に仕事をしていくのか。そのためのアイデアを本章では、お伝えします。

学年打ち合わせから学年研修へ

　同学年に複数の学級がある場合は、週に1回（もしくは2週に1回）程度の学年打ち合わせ（学年研修）に時間がありますよね。毎日の忙しさの中で、学校行事や学年行事などの調整に追われてしまう。そういう状況にあっては、十分に教材研究や授業づくりの時間を確保できないという悩みをおもちの先生も多いのではないでしょうか。高学年の先生は、担当する教科数も多く、状況はさらに厳しいかもしれません。私も実際にかなり苦労してきました。実際には、研修というよりは打ち合わせで終わってしまうということも多いかもしれません。これが、多くの学校の現状かもしれません。

　その結果、どうなるか。子どもたちに「ごめん……」と思いつつ、教師用指導書（赤刷り）に頼る授業、教科書の手引きを順にこなしていく教師主導の授業になってしまうのかもしれません。子どもたちは、先生からの補助発問や主発問にこたえるという「チェックポイント」を順番に通って行ったら、きっと「ゴール（きょうのまとめ）」にたどり着く。という45分を過ごすことになってしまうのです。

　これは、教師引率型の授業の典型です。子どもたちは、自ら問うこともなく、先生の出したお題を考える（考えさせられる）45分を過ごし、ゴールにたどり着きます。

　これでは、たとえ、強制的に話し合いの場があったとしても、これは、今求められている「主体的・対話的で深い学び」ではありません。

　なお、結果として、このような授業の場合、板書はいわゆる「川流れ板書」になることが多くなります。また、一見盛り上がっているような話し合いでも、「その場限り」であって、問いを解決したり、自分の生き方を考えたりすることにつながっていないことも大いに考えられるのです。

このような状況を打破するために学年打ち合わせを学年研修へと変えていくとは、一体どのようなことを言うのでしょうか。

　まず、教材の確認だけにとどまらず、「何を学ぶか」「どのように学ぶか」を意識します。これをシステムの「授業づくり」を生かして、実施するとよいでしょう。どのように学ぶのかについては、どのような姿を目指すのか、そのためにどんな手立てを取るのかを書き込めるようになっています。これは、次年度の指導にも生かすことができるようになっています。

　ぜひ、学年の先生たちの知恵で、具体的な手立てを検討してみてください。この５分を大切にして、学年研修をするだけで働き方改革につながります。単に打ち合わせだけの時は、そのあとに指導書を見ながら、「どうやって授業を進めよう。」「板書はどうしよう。」「ワークシートは……」と、ひたすら悩むことに時間を費やしてしまうのです。たった数分でも、学年の先生と相談することで教材研究をする学年研修にしていくと、さらに授業改善にもつなげることができるわけです。

　学校としての会議の名称は、学年打ち合わせでも構いませんが、学年の指導の充実のための研修時間と意識していくことが大切です。なお、単級の場合はブロック単位でブロック研修をしていくとよいでしょう。

　授業づくりにも使えるのが、本書の付録のシステムです。具体的な使い方は、第５章をご覧ください。

教師主導から子ども主導へ

　子どもに主導権を渡すなんて…と不安に思う先生も多いと思います。よく聞かれるのは、ねらいを達成できるのか、という声です。私は、そんな声に対して「むしろ教師主導でねらいを達成する方が難しいのではないでしょうか？」と答えるときがあります。こういうと、皆さんの頭の中には「？？？」が登場しているかもしれません。

　学習指導要領解説では、

（エ）学習指導過程を構想する

　ねらい、児童の実態、教材の内容などを基に、授業全体の展開について考える。その際、児童がどのような問題意識をもって学習に臨み、ねらいとする道徳的価値を理解し、自己を見つめ、多様な感じ方や考え方によって学び合うことができるのかを具体的に予想しながら、それらが効果的になされるための授業全体の展開を構想する。

　また、学習指導過程の構想に当たっては、指導の流れ自体が、特定の価値観を児童に教え込むような展開となることのないよう、児童が道徳的価値に関わる事象を主体的に考え、また、児童同士の話合いを通してよりよい生き方を導き出していくというような展開も効果的である。

と示されています。「子どもたちがどのような問題意識をもつのか」などを具体的に予想しながら授業展開を考えることが、道徳科の特質を生かした学習指導の展開の項目で説明されています。

　教師主導の授業を脱却し、子どもに主導権を渡すために必要なのは、教師が学びの地図を俯瞰することです。

① そもそも、子どもたちの学びの現在地はどこなのか。
② 何に問題意識をもつのだろうか。
③ 子どもたちと語り合いながら、どっちに向かって進んでいくとよいのか
④ 本時の学びのゴールはどこなのか（なんなのか）

というように、学びの地図を意識して、子どもの現在地、問題意識と授業の方向性、ゴールを意識することが大切です。これができて、初めて子どもに主導権を渡すことができます。

　こういうと、やはり教材研究が大切だというコンテンツの話になりがちです。それも一理ありますが、道徳科の目標は、究極的には「自己の生き方を考えること」にあります。決して「思いやりについて自分の考えを言える子」を育てたいのではないのです。また、多面的に「思いやりとは、〜で、他にもいろいろな考え方がありますと説明できる子」を育てたいわけでもありません。

「思いやり」という窓口から自己を見つめて、自分がどうなりたいか、どう自分がどうありたいかと、自己の生き方を見つめられる子を育てたいのです。

　教材と自分と重ねて考えられるのか、教材の内容を自分とつなげて考えられるのか、「コンテンツベース」で子どもの学びを考えることが、やはり大事なのです。

　授業のねらいを「コンテンツベース」と「コンピテンシーベース」の両面から考えることで、授業の縦軸と横軸が明確になり、授業づくりがしやすくなります。このようなことを意識しながら授業づくりをサポートするシステムの機能については第五章で、詳しくご紹介します。

授業のねらい

　先生たちが「授業のねらい」を意識して授業をすることは、いまさら言うまでもなく、とても大切です。これまでの道徳科では、「内容（コンテンツ）」が前面に出ているねらいの設定の仕方でした。それにプラスして、どのように学ぶのかという「コンピテンシーベース」のねらいも併せもつ授業づくりについて考えてみましょう。

　まず、「コンテンツベース」と「コンピテンシーベース」で整理してみます。

「コンテンツベース」

　ねらいを意識するということは、「内容項目」を意識して本時のゴールを明確にするとも言えます。よく学年の打ち合わせでも「来週は『はしの上のおおかみ』だね」とか「来週は『思いやり・親切』ですね」というような言い方をしますが、これでは、ねらいを意識できているとは言えません。「思いやり・親切」の学習で、本時はどこまで行くのか、という全体を俯瞰しながらも本時に着目したゴール設定が必要です。

　実は、道徳の授業を見ていると「ゴールがそもそも違う場合」があります。私も、自分で授業しながら、「あ、ゴールが違った。」と授業中に修正して授

業展開を当初の計画と変えることがありました。ゴール設定を見誤る要因は、主に2つあります。

1つは、子どもの学びの現在地をとらえられていないことです。すでに多くの子がたどり着いているゴールの場合は、分かりきっていることをなぞる授業に近づきます。最悪の場合は、教材を読もうと読まないとに関わらず、答えを言えてしまうのです。これは、生き方を考えていく道徳科として適切なゴール設定とは言えません。

もう1つは、ゴールが遠すぎる場合です。学習指導要領をもとに発達段階に即してねらいを設定することになりますが、必ずしも目の前の子どもたちが、その段階であるとは限りません。また、時として「教師の思いが先行」してしまい、子どもにとって適切なゴールになっていない場合もあります。

小学校学習指導要領では、2学年ずつのまとまりで「内容項目」が示されています。その内容項目について2年かけて考えていくのです。この2年の中で、何回授業をするのかを見通して、適切なゴールを設定できるようになることが重要です。もう少し俯瞰してみると、小学校6年間で、何回指導して、どんなことを考えていくのか。ということまで考えてみてください。これは、一担任だけではなかなかできません。ですが、少なくても自分が担当している近隣学年の教材については意識をしてみてはいかがでしょうか。教科書教材の構成やその見方については、次章で述べたいと思います。

「コンピテンシーベース」

「一面的な見方から多面的な見方へ」といったときに、1年生の姿と6年生の姿は同じでしょうか。もちろん違うと皆さんお答えになるはずです。では、実際にどう違うのでしょうか。こう言われると、急に不安になりませんか。多くの先生たちは、違いがあることは意識しているものの、実際に考えることはあまりなかったのではないかと思います。ですから、不安な気持ちが生まれることは当然なのです。

1年生では、「あ、ぼくと違う考えの人もいるよね」「あ、そういう考えもあるよな」という姿で十分なのかもしれません。これを学年で共有できるように、そして、学校として各学年の姿を系統的に意識できるように。そうす

ることで、授業づくりのもう一つの軸が見えてきます。本書に付属するシステムには、そのために使えるシートが用意されています。これを活用して、その学年なりの「学び方」を意識することで、どんな授業を展開するか、さらには、どういう声かけや切り返しをしていくとよいのかが見えるようになってくるのです。

　なお、学校全体を俯瞰して、その学校の学びの地図をみんなで描くためにいるのが、「道徳推進教師」であったり、「同僚」であったりするのです。職員室で「今日の授業〜だった。」というような子どもの具体的な姿で語ることができる。そういう雰囲気や心のゆとりがあるといいなぁと思います。

　そのために、本書に付属するシステムを活用しながら、そんな会話をしながら授業準備や授業後のふりかえりができる職員室になることを願います。

「道徳的価値を基に」とは

　道徳の時間は、内容項目を学ぶ時間ではありません。学習指導要領では「〜するとともに、」という言葉がよく出てきます。ちなみに、小学校学習指導要領（平成29年告示）解説の総則編のPDFファイルでは、「ともに」という言葉が579回出てきます。「基に」は98回です。特別の教科道徳編のPDFファイルでは、「ともに」は193回、「基に」は54回です。

　さて、基本に立ち返り道徳科の目標を見直してみます。

> よりよく生きるための基盤となる道徳性を養うため、道徳的諸価値についての理解を基に、自己を見つめ、物事を多面的・多角的に考え、自己の生き方についての考えを深める学習を通して、道徳的な判断力、心情、実践意欲と態度を育てる。

　道徳科では、「よりよく生きるための基盤となる道徳性を養うため、道徳的な判断力、心情、実践意欲と態度を育てる」ことになります。それは、どのような授業で育てるのかが、中段に書かれています。

> 道徳的諸価値についての<u>理解を基</u>に、自己を見つめ、物事を多面的・多角的に考え、自己の生き方についての考えを深める学習

ということになるわけです。

　ここで、次のような表記と比較して考えてみましょう。

> 道徳的諸価値についての**理解するとともに**、自己を見つめ、物事を多面的・多角的に考え、自己の生き方についての考えを深める学習

「理解するとともに」であれば、「理解をする」ことと「自己の生き方について考えを深める」ことの両方を実現することになります。

　ですが、実際には、「基に」となっていますので、実現すべきは「自己の生き方について考えを深めること」なのです。これは、日本語の文の構成が、基本的に後ろに結論が来ることからも明らかです。

　道徳の実践では、「道徳的諸価値についての理解」をさせようとする実践が散見されます。「理解を基にするためには、まず理解が必要だ」というロジックは間違いではありません。しかし、大切なのは、「自己の生き方について考えを深めること」なので、これは絶対に欠かすことはできないわけです。

　そして、その際に、自己を見つめ、物事を多面的・多角的に考えることが大事だということなのです。ここが、道徳科で評価すべきポイントとなります。

道徳的価値の理解とは

　道徳的価値の理解には３つの理解があります。

> 一つは、内容項目を、人間としてよりよく生きる上で大切なことであると理解すること。
> 二つは、道徳的価値は大切であってもなかなか実現することができない人間

> の弱さなども理解すること。
> 三つは、道徳的価値を実現したり、実現できなかったりする場合の感じ方、
> 考え方は一つではない、多様であるということを前提として理解すること。

　内容項目については、「道徳的諸価値の理解」という言葉に引きずられ「誠実とは」「友情とは」という各内容項目について理解させようとする傾向が強くなるように思います。

　しかし、学習指導要領解説に、次のような記述があります。

> なお、その指導に当たっては、内容を端的に表す言葉そのものを教え込んだり、知的な理解にのみとどまる指導になったりすることがないよう十分留意する必要がある。

　このように、「親切」「誠実」「友情」という言葉を教えたり、知的な理解をさせるにとどまっていてはいけないのです。AI や Google 先生でも、言葉は教えてくれるのです。

　「親切は、〜なものだ」という言葉の理解ではなく、親切は、「人間としてよりよく生きる上で大切なことだ」「でも、実現することはなかなか難しいことだ」「何が親切かは人によってさまざまだ」という３つの理解をすることを意味しています。

　そして、この理解がゴールではありません。この理解を基にして「自己の生き方について考えを深めること」が道徳科の学習のゴールです。例えば、「電車やバスで知らない人に親切にするのは、今の私には難しい。でも、できるようになりたいな。」というような学習を積み重ねていくのです。

　このような学習を通して、よりよく生きるための基盤となる道徳性を養うため、道徳的な判断力、心情、実践意欲と態度を育てるわけです。このことを改めて確認しておくが大切です。

道徳科の評価

　道徳科の評価は、大きく２つに分けて考える必要があります。

1つは、授業改善のための評価です。これは、教師自身のリフレクションや授業研究などの評価です。手立てが有効であったか、ねらいに迫ることができたかという議論がよく行われます。ここで気を付けたいのは、「ねらいに迫ったか」という点ばかりを気にして、そこに至るまでの子どもの学び方をおろそかにするということです。例えば、算数科の授業である一定の本時の目標は達成したものの、教師主導の一方的な詰め込み教育だったとしたら授業の評価はどうなるでしょうか。よい授業と言えるでしょうか。

　他教科では、子どもが問いを生む、子どもたちで問いをつくるということが当たり前にされています。それに比べると、道徳科は教科化が遅かったせいなのか、子ども主体の学び方という点において、まだ十分とは言えないことが多いように思います。

　これからの変化の激しい時代に合った、令和の日本型学校教育としての道徳の授業の在り方については、今後さらなる進化の可能性を秘めていると思います。

　もう1つは、子どもの「学習状況」や「道徳性にかかる成長の様子」です。まず、一番気を付けたいことは「道徳性」の評価ではないということです。そもそも、教師がその子の道徳性を道徳の時間で評価することは極めて難しいことです。道徳性は、いつどこで発揮されるか分からず、教室の姿だけでは到底判断できるようなものではないからです。

　例えば、「友情」について「何でも話せる友達を大事にしたい」という子もいれば「親しくても、互いに言いにくいこともアドバイスしあえる友達を大事にしたい」という子もいるかもしれません。このどちらがよいとか、このことに気付くとAというような評価はできないのです。そういう意味において「目標準拠の評価」ではなく、「個人内評価」ということができます。そのため、道徳科の評価は「認め、励ます評価」が大切であると言われています。

ひき算の評価とたし算の評価

　他教科の評価は、「評価基準をもとにした絶対評価」で行われています。

　これは、目標のラインに達したかどうかという評価です。○○さんは、B

ラインに達していない（どれだけたりない）。だから、あとこれだけできれば、Bになる。というような評価です。これは「ひき算の評価」と言うことができます。（※算数のひき算の評価ではない。）

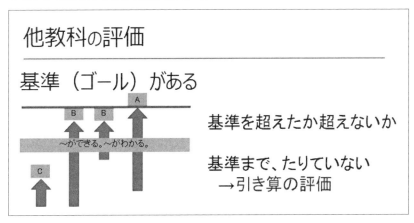

これに対して、道徳科の評価は「たし算の評価」をしていくことになります。前述の通り、道徳科において、道徳的価値（コンテンツ）や道徳性について目標のライン（基準）を設定することはできません。友情について説明できればAということでもありません。また、道徳的価値を実現する難しさに気付いたからAというような評価もできないのです。だから、道徳の評価には数値での評価は適さないわけです。

では、何を評価するのか。子どもの学習状況をコンピテンシーベースで評価をしていくということになるのです。一面的な見方ではなく、多面的な見方ができるようになってきているか、自分とのかかわりで自己を見つめ、生き方を考えられるようになってきているか。という面についてその子の伸びを見つめるわけです。図でいうと、矢印（⇒）が、その子の成長にあたります。人と比べたり、ラインを基にしたりするのではなく、その子の伸びに目を向けて評価していくことを「認め励ます評価」と呼んでいるのです。

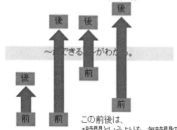

では、具体的にはどのようなことを評価するとよいのでしょうか。

学習指導要領の道徳科の目標に示されている、「自己を見つめ、物事を多面的・多角的に考え、自己の生き方についての考えを深める学習」という授業像から、児童の「学習状況」や「道徳性にかかる成長の様子」を評価するということです。

そのため「一面的な見方から多面的・多角的な見方へと発展させているかどうか」という点と、「道徳的価値の理解を自分自身との関わりの中で深めているかどうか」という点から評価することになります。

つまり、「内容項目が深まった」とか「議論をして何かに気付いた」というようなコンテンツベースの評価ではなく、学び方としてのコンピテンシーベースの評価であるともいえるわけです。

この学び方の評価は、おのずと発達の段階による系統性が出てきます。これを学校として、整理していくことが必要です。この作業は、道徳教育推進教師のリーダーシップが試される場面となります。

なお、それぞれの学年でどのような姿を目指すのかについては、学校内で話題にして共通理解を図っていくことが大切です。そのために、本書のシステムを活用することができます。

決して逆転現象が起きないようにすること、その学校の子どもに合った適切な目指す姿を設定していくことが大切です。

なお、個人内評価は、その子の伸びを見る評価ですので、絶対に１時間では評価できません。１点では、伸びが見えないからです。また、たまたまその時間だけ活躍していたというまぐれのような姿を評価するのではなく、大くくりのまとまりの中で、その子の学びを線で捉え、その子の伸びを評価していくことが求められるのです。

　だれかと比べたり、目標と比べてできているかどうかを判断したりするのではなく、あくまでその子の伸びをみるという考え方が「認め励ます評価」と言われているのです。

　これも、誤解があり、「いいね！これからも頑張ってね！」というような認め励ます評価ではないことは、一応指摘しておきます。

第三章

コンピテンシーベースの
授業づくり

（付録つき）

次の道徳は何するんだっけ？

職員室での学年研修（学年打ち合わせ）の１シーンを思い浮かべてください。

A先生「次の道徳科は、はしのうえのおおかみでしたね。」
B先生「それじゃあ思いやり・親切だね。どこに注目しようか。」
A先生「やっぱり、くまさんじゃないですか。」
B先生「その時に、役割演技をしたらよさそうだね。」

このような学年研修のシーンはよく見られます。

これは内容項目に沿った教材研究です。このような研修はとても大事です。この時に「ワークシートを使おうか」「役割演技をしようか？」という指導法ついても議論されている学年研修は、とっても素敵です。

一方でよく耳にするのは、「指導法」をどうするかよりも、その目的の方が大事であるということです。「役割演技」や「ワークシート」を何のために使うのか、という意識が大切だということです。

実は、直感的に先生たちが選択していることが多いと言えます。これは、決してやみくもに選択しているわけではありません。きっと、自分のクラスの子どものことを考えた上での判断です。

しかし、この授業では「その指導方法をとることで、子どもたちにどんな力をつけさせるのか」まで、具体的にイメージするところまで意識が向いていないことも多いのが実情です。多忙化の中で余裕がないのだから、当然といえば当然です。

忙しい中でも、こういった意識をもって授業づくりをする。そこで今回活用していただきたいのが、本書の指導と評価支援システムなのです。

教科書の構成から考える

　教科書には、同じ内容項目の教材が複数用意されていることがあります。それぞれの役割を意識できているでしょうか。例えば、算数科で「たしざん」が同じ学年で２度出てくるときには、それぞれの単元に役割があります。簡単に言えば、「５までのたし算」と「10までのたし算」、「繰り上がりのあるたし算」というようにです。

　道徳の教材でも、同じようなことが言えます。

　例えば、光村図書の１・２年の「親切、思いやり」には４つの教材があります。

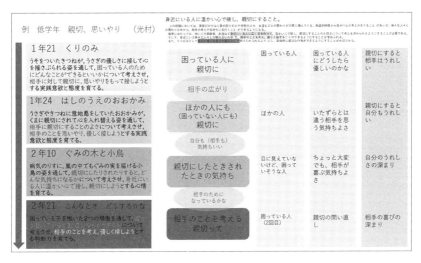

　最初の「くりのみ」では、困っている人に親切に思いやりをもって接してみようという実践意欲や態度を養うことがねらいです。

　その３週後の「はしのうえのおおかみ」では、親切のよさを考えながら、困っていない人にも親切にすることを扱います。これにより、困っているかどうかではなく、その人へのやさしさという概念の拡大がポイントとなります。

　２年生に進級し「ぐみの木と小鳥」では、「親切にしたりされたりしたと

きの気持ち」を両面から考える段階になります。多面的・多角的な見方という点で学び方を進化させ、改めて、あたたかい心で接して親切にしようとする心情を育てることをねらいにしていくわけです。

最後の「こんなときどうするかな」では、実際に自分でどうすることがよいのかを考えることを体験的に学ぶことで、実生活でも判断できるように構成されているのです。

このように、1つ1つの教材を点ではなく、線として考えたときに見えてくることがあります。

「はしのうえのおおかみ」は、Bの親切、思いやりの教材なのだから、相手の気持ちも含めて考えるべきだという意見もあれば、視点を変えるのは1年生では難しいのではないかという意見もあります。

この議論、多くの場合は、「子どもの実態による」という言葉で片付けられてしまいます。たしかに、それは間違いなく、「子どもの実態によるべき」と私も思います。

一方で、2年間を見通してこのように教科書の構成をしっかり考えた場合は、違う見え方ができるのではないでしょうか。

次の教材の「ぐみの木と小鳥」で、「親切にしたりされたりするときの気持ち」を考えるようになっているのだから、「はしのうえのおおかみ」では、同じことをあえてしなくてもよいのではないかということです。

別の言い方をすると、「はしのうえのおおかみ」で、「親切にしたりされたりするときの気持ち」を考えて子どもたちのなかに納得が生まれていたとしたら「ぐみの木と小鳥」が分かり切ったことをなぞる授業になりかねないのです。

こう考えると、「はしのうえのおおかみ」では、つい面白さに負けていじわるしてしまう時もあるけど、それって本当に面白いのかな？と共感的に考えて、やっぱり相手も笑顔の方が気持ちよいし、そういう人になりたいなぁというこれからの生き方を思い描くような学びをしてはどうか。という授業を構想できるようになるのだと思います。

とはいえ、「大事なことだから何度してもよいのではないか」と言う意見もあるでしょう。そういってしまえば教材の構成に関係なく、どんな場面でも同じことが言えてしまいます。それ故に、子どもたちは分かり切ったこと

をなぞる授業になってしまうのです。

　また、「大事なことだから」という部分は、単なる教師の思いの表れという可能性にもつながる恐れがありますので、やはり注意は必要かもしれません。

　なお、教科書の教材の配列は、教科書会社によってさまざまですので、そういう視点で見直してみることもお勧めします。

　このことは、学習指導要領解説には、

⑶ 児童の発達的特質に応じた内容構成の重点化

道徳科の内容項目は、「第１学年及び第２学年」が19項目、「第３学年及び第４学年」が20項目、「第５学年及び第６学年」が22項目にまとめられている。これは本来、人間としてよりよく生きる上で必要な道徳的価値はいずれの発達の段階においても必要なものではあるが、小学校の６学年間及び中学校の３学年間を視野に入れ、児童の道徳的価値を認識できる能力の程度や社会認識の広がり、生活技術の習熟度及び発達の段階などを考慮し、最も指導の適時性のある内容項目を学年段階ごとに精選し、重点的に示したものである。したがって、各学年段階の指導においては、常に全体の構成や発展性を考慮して指導していくことが大切である。

と示されています。

　「その教材」を点ではなく、全体の構成や発展性を考慮する「線」で考える。ことを大切にしていきたいものです。

　書店には、「有名教材の中心発問」的な書籍や「この教材はこの板書」というような類の書籍が並んでいます。これは、ネット上でも同様です。

　ここで気を付けたいのは、同じ「教材」でも、教科書配列によって、つまり指導の順番によって、指導内容が変わるということです。それに気づかずに書籍を真似したら、子どもたちにとってはつらい授業になります。もしくは、その後の教材の授業がなぞりの授業になってしまうという可能性が出てきてしまうのです。

　例えば、次の図を見てください。これは、主な教科書会社の「1年生の思いやり・親切」の教材の配列です。

	学研	光村	光文	日文	東京書籍	教育出版
第1教材	はやとの　ゴール 相手のことを考えて、優しく接することの大切さが分かり、親切な行為をして心を揺さぶられる姿を費い、困っている人のためにどんなことができるといいかについて考えさせ、相手に対して親切に、思いやりをもって接しようとする実践意欲と態度を育てる。	くりのみ うそをついたきつねが、うさぎの優しさに接して、困っている人のためにめにどんなことができるといいかについて考えさせ、相手に対して親切に、思いやりをもって接しようとする実践意欲と態度を育てる。	おとしよりといっしょ 人には相手が喜ぶことをしたいと願う心があることが分かり、相手の気持ちや立場を考えて相手の喜ぶことをしようとする。	はしのうえのおおかみ くまに親切にされたおおかみの変容を通して、親切にしたときのほうがずっと気持ちがいいことに気づき、身近にいる人に親切にしようとする心情を育てる。	はしのうえのおおかみ 身近な人たちに温かい心で接し、親切にしようとする心情を育てる。	くりのみ きつねとうさぎの行動について考えることをとおして、自分だけでなく友達の立場にも気づき、互いに助け合おうとする心情を育てる。
第2教材	はしのうえのおおかみ 親切にしたときの気持ちよさを知り、誰に対しても思いやりの心をもって接れ心を入れ替える姿を通して、相手に親切にすることのよさについて考えさせ、相手のことを思いやり、優しく接しようとする実践意欲と態度を育てる。	はしのうえのおおかみ いじわるをしていたおおかみが、くまに親切にされ心温まる姿を通して、相手に親切にすることのよさについて考って生活しようとする。	はしのうえのおおかみ 他者が喜べば自分もうれしいことであることが分かり、思いやりの心をもって生活しようとする。	学校の　かえりみち 困っている人を助けることは、相手にとってはもちろんありがたいことであるが、その喜びを感じる自分にも大きな喜びであることに気づき、身近にいる人に親切にしようとする心情を育てる。	はなばあちゃんが　わらった 困っている人を助けることは、相手にとっては友達やお年寄りなどに優しい気持ちを持ち、相手を大切に思う心情を育てる。	はしの上の　おおかみ おおかみの行動について考えたり、演じてみたりすることをとおして、優しい気持ちをもって、すすんで親切な行動をしようとする心情を育てる。

　はしのうえのおおかみは、第1教材の教科書もあれば第2教材の教科書もあります。また、それぞれの教科書会社でもう一つの教材も違ってきます。つまり、その教材が担っている役割が違うということが分かります。それは、年間指導計画例記載のねらいの違いからも分かります。

　ちなみに「くりのみ」は光村や教育出版では1年生の第1教材ですが、日文では2年生の第2教材、低学年の思いやり親切の内容項目として考えると第4教材になります。

　ここまで言えばお気づきかと思いますが、「この教材はこの中心発問で！」というのは、まったく成立しないのです。教材の役割は、前後の教材という文脈の中で変わってくるのです。

　ですから、安易に「中心発問」や「板書」の本に飛びつくのではなく、

指導書や教師用朱書き編を参考にしていくことが大切になります。

なお、「テーマ発問」で「思いやりとは？」と聞くことにも限界があります。多くの教科書で低学年の思いやり・親切の教材は4つあります。多いところでは5つあります。毎回同じテーマ発問で授業ができるわけありません。

書籍の事例の多くは、どういう教材の配列（文脈）の中で行われた授業であるのかが見えない「点」の場合が多いのです。教材配列という「線」を意識した授業づくり、教科書の指導書などを基にする授業に立ち返ることも大切です。

教材の特徴の見方・考え方

各学校において、道徳については学習内容の研究がよくされています。これは、いわゆるコンテンツベースの研究です。一方で、どのように学び、どのような姿を目指すかというコンピテンシーベースの研究が弱い傾向があります。そこで、学び方という視点で教材について考えてみましょう。

「はしのうえのおおかみ」では、自分と重ねながら、自分もいたずらしちゃったり、バカにしてみたりと自分本位の面白さで行動してしまったことを振り返りつつ、あいての笑顔を大事にした生き方って素敵だなあということを感じられる学習を構想するとします。この教材では、「自分事として考える」「自分の経験と重ねる」「これからの自己の生き方とつなげる」というあたりの学び方がしやすい教材かもしれません。

「手品師」はどうでしょうか。「自分事として考える」「自分の経験と重ねる」という学び方は、実はしづらいかもしれません。もし仮に「自分も2つの約束で迷った」という経験と重ねた子がいたとして、それは果たして手品師の迷いと本当に重なっているのでしょうか。もちろん、その内容にもよりますが、例えば、「遊びと習い事」みたいな迷いとは、全くレベルが違うわけで、これを重ねられても「むしろどうなの？」と私は思い、きっと、問い返すと思います。「君のその迷いと手品師の迷いは同じなのかな？」と。

この教材では、「その迷いはどこから来るのか」「手品師が大切にしたものは一体何なのか」ということを話し合う中で、いろいろな見方に気付き、「多面的・多角的に考える」学び方の方が適しているのかもしれないということです。

　役割演技でなりきったとしても、どうも無理があるわけです。思いを推し量る練習としてはよいかもしれませんが、手品師の状況と自分を重ねるのはやはり難しく、むしろ手品師の判断について多面的・多角的に語り合い、これまでの自分の考えを重ねながら、価値観を再構成していく方が重要な気がします。

　ここで読者の皆さんにお伝えしたいことは、教材により、「自分と重ねやすい」「多面的・多角的に考えやすい」というような特徴があるということです。つまり、教材により、めざす姿でどこを意識するとよいのか、が決まってくることがあるということです。

　そういう意味で、教材研究がやはり大切です。教材研究は、この教材ではどこの文章が「内容項目のねらい」のキーになるのかということが注目されがちです。これは、コンテンツベースの教材研究の場合が多いと思います。

　コンピテンシーベースの授業づくりのための教材研究として、「自己との関わりで考えやすいか」「一面的な見方から多面的な見方へ発展させやすいか」という学び方の視点でとらえなおすことで、授業がより構想しやすくなるでしょう。

　教材研究の新たな視点として、意識してみてはいかがでしょうか。

「めざす姿」から「どのように学ぶか」を授業前に意識する

　1年生で、「一面的な見方から多面的な見方ができるようにしよう。」と意識して授業を構想するとします。そのための手立ては、どうしたらいいでしょうか。

　ワークシートの活用でしょうか。役割演技でしょうか。板書の工夫でしょうか。いろいろな手立てが思いつけば、自分のクラスの子どもに今必要な学

び方を適切に選択して指導できるようになるはずです。

　本システムは、授業づくりのヒントになります。目指す姿のために、どのような学び方を取り入れるのかということを意識でき、学年研修で話し合えるようになっているのです。

　例えば、多面的な見方はできるようになるためには、そもそも他人の話を建設的に受け止めながら聞けるようになる必要があります。友達の発表後に「ハイ！！ハイ！！」と意欲的な子。こういう子は、前の子が話し終わるのを待っていただけで、何も頭に残っていないことがあります。

　例えば、「違う意見です！」「他にもあります！」という発表方法を「それもあるかもしれないけど、」「そういう考えもあるね」と聞くことに重きを変えていく。そしていろいろな意見を受けとめながら考えることを指導していくことで「一面的な見方から多面的な見方へ」とつながっていくのです。

　まずは、人の話を聞く、それを受け止める、そのうえで、自分も意見を言うという学び方が、そもそも重要なのです。そのうえで、板書にいろいろな意見を位置づけていくことで、さらに多面的な見方へとつながっていくのかもしれません。このように、めざす姿に向かって、教師の立ち振る舞いを考えることが、コンピテンシーベースの授業づくりにつながるわけです。

　ここでのポイントは、「あくまでめざす姿を引き出すためにとる手段」です。手段が目的化するという言葉があります。これは、「ワークシートは書かねばならない」というように「書くことの目的を見失って、書くこと自体が目的になってしまう」ということを意味します。

　そうではなく、「この姿をめざす」だから、「こういう学び方を」というような授業づくりをしていただきたいと思うのです。このシステムを日常的に活用することによって、子どもたちをどのような姿に導きたいかを具体的にイメージできるはずです。

　なお、めざす姿については、1年生・2年生・中学年・高学年に分けて例示しています。これを参考に、各学校でそれぞれの学年段階での目指す姿を設定し、共通理解のもとで日々の指導をしていくことが大切になります。

対話的に学ぶ学び方

3つの対話

　道徳の対話には、３つの対話があると言われています。「自分との対話」
「教材との対話」「他者との対話」です。それぞれについて、以下に説明して
みます。

道徳 よりよい生き方をさがしていく学習

自分自身との対話

今まで…　　正直…

これから…　実は…

本当は…

対話は
自分をみつめる鏡

お話との対話

自分なら…　自分も…

素敵なこと,大切なこと

友達との対話

ペアで　グループで

みんなで

（旅）（語り合い）

・自己を見つめる自分との対話

　「あれ、自分がどうだろうか。」と、ふと自己を見つめる。これは、道徳の
振り返りの時にするだけではありません。「何か夢はあるの？」という話題
で、「なんだろうなぁ……」と思い悩むのも自分との対話ですし、「今日何食
べたい？」という質問に「そうだなぁ」と自分を見つめることもある意味で
自分との対話です。

　では、「１＋１は？」という質問に「２」と答えるのは自分との対話でし
ょうか？これは違うという感覚を皆さんもお持ちなのではないでしょうか。
では、「親切って何？」ときかれて、「人にやさしくすること」と答えること
はどうでしょう？私は、この一般的な言葉の意味をいう場面においては、自
分との対話は無いのではないかと思います。辞書を引くことや Google 先生

に聞くことと変わらないからです。

つまり、「親切とは何か」という一般的な問いについて考えても、必ずしもそれだけでは自分事の学びにはならないということです。

「親切にしたことある？」「親切にしたいなぁと思ったけどできなかったことある？」といった場合には、自分が必ず登場します。逆に言うと一般論では答えられないのです。ちょっとした工夫で、自分との関わりで考えることができる。つまり、自分と対話をすることができるわけです。

とくに、振り返りの時には、この対話が大事になりますので、子どもたちに自分との対話の仕方を学び方の一つとして教えておきたいですね。

例えば、「自分の今までとこれから」を考えるという言い方で教えることができます。

道徳的価値について、「今までの自分はどうだったかな」と自己を見つめるのです。また、実現できるだろうか、難しいだろうか、と「これからの自分」についても考えることも、自分との対話になります。

こうした学び方を一つ一つ大事にして授業をしていくことで、「今までの自分のことをしっかり考えて、自分とつなげて考えられたね！」と即時的な評価もでき、大くくりでの評価にもつながるのです。こうした指導をするからこそ、評価ができるようになります。これは指導と評価の一体化なのです。

・問いを生むための教材との対話

先生たちが教材を読むときに子どもたちは何をしたらよいのでしょう。それを教えているでしょうか。両手で教科書をもつという読む姿勢は、多くの学級で教えられています。目で読みましょう。ということを伝えている先生いるかもしれません。

教材を範読するときに「教材との対話」をできるようにすることが、「問いを生む」授業では大切です。では、教材との対話はどのようにしたらよいのでしょうか。

範読前に「いいなぁと思うところを探しながら読みましょう」という指示を出している先生もいらっしゃるのではないでしょうか。これも一つの方法です。

私は、「思ったことを声に出してごらん」と言ってから範読をします。す

ると、「えー！かわいそう！」「やさしいなぁ」「えっ、どうして？」など、心が動いたところで声を出せるようになります。まさに教材と対話をしている姿が見えるようになります。

実は、この指導は道徳科だけでしているのではありません。例えば私の場合だと、国語科で行った学び方を道徳科で生かしているのです。

国語科の説明文の教材を読むときに、「へー」とか「なんでだろう？」とか、思ったことを口にしてごらんと指導をしてあるのです。

すると、「みなさんは〜を知っていますか？」という本文に対して「知ってます！」「あまり知らないなぁ…」と自分の思いを口にできるようになっていきます。

また、「〜は、どうなっているのでしょうか？」というような問いかけの文に対して「たしかに！！」「気になるなぁ。」という思いをもてるようになります。だから、「問いかけの文があるんだね。」と読者の興味を引くという意図を、体験的に理解することにもつながるわけです。

こうして身に付けた「教材との対話」の力を道徳科で生かすと、人によってさまざまな思いがあることにも気づきます。「私もこういうことあった！」という子もいれば、「私は無いなぁ。」という子もいるわけです。実に多様な受け止めがあること自体を範読を通して感じることもできるわけです。

教材との対話の仕方をぜひ、国語科を中心として育ててみてください。また、NHK for School の道徳番組を見ながら、対話をする練習もできます。「笑ったり、思ったことを口にしていいよ。」と伝え、心が動く映像を見ながら、クラスメイトが感じた声も含めて教材になるのです。

・問いをつくるための他者との対話

1人1人の中に問いが生まれ、それを語り合う中で、本時の問いをつくっていくためには、他者との対話が必要です。また、問いについて多面的・多角的に考えていくためにも、やはり他者との対話は重要です。

問いづくりは、社会科や算数科などで身に付けた力を生かします。子ども主体の問題解決的な授業が展開されるようになり、他教科等では、教師が課題を出している授業は、あまり見なくなりました。子どもたちの声を生かしながら学習問題（問い）を作って、学んでいることが読者の先生方の教室で

も多いのではないでしょうか。

　問いをつくるキーワードは「ズレ」です。算数科では、「既習や前時との
ズレ」からスタートすることがよくあります。社会科では、「資料と資料の
ズレ」「資料と既有の知識とのズレ」などから学習問題をつくることがよく
あります。

　では、道徳科における「ズレ」とは、どのようなものがあるのでしょうか。

●教材内のズレ
　主人公が変化するパターンの教材では、このズレを顕在化させることで問
いをつくりやすくなります。
「どうして変われたのだろう？」
「変わろうと思えたのはどうしてだろう？」
というような問いが生まれてきます。

　これらの問いを考えるよさは、「自分たちも分かっていてもなかなか実現
できない。それなのに、どうして変われたのだろう。それが分かれば、自分
たちも変われるのかもしれない。」と、自己の生き方についての考えを深め
る学習につながるというところにあります。
　なお、教材中のズレの見つけ方については、次項の「山場の見つけ方」で
ご紹介します。

●教材と自分とのズレ
　主人公にできて、自分には実現できそうにない。そのような教材もありま
す。そういう時には、「どうして、分かっていても実現できないんだろう。」
と、自分を変えるきっかけについて考えていくこともできます。もしくは、
「実現するとどんなよさがあるのだろう。」と、そのよさを感じることで、自
分もそうなりたいという夢や憧れにつながる可能性もあります。
　すごい人ができた理由を考えて、「すごいよね。」と他人事で終わっては、
道徳科の学びとしては不十分になってしまいます。主人公の良さに気付かせ

たいという教師の思いももちろん大切ですが、子どもとの心的な距離をいかに近づけられるか、子どもたちの考えたいを生み出すステップを大切にしたいものです。

●既習や前の教材とのズレ

　今までもっていた自分の価値観を再構成する学びになります。例えば、「友達にやさしく親切にした方がよい。」という価値観をもっている子に「なんでも優しくした方がよいのだろうか？」というような問いを考えさせるような教材のときには、こうしたズレが生じています。自分の実体験をもとにしながら、今後の自分と結び付けて考えることで、その内容項目について考え続ける姿勢がうまれます。

　「自由とは？」という学習もこのタイプの教材で生まれます。「あれ、自分の思っていた自由と、教材の中で言われている自由が違うな？」というところがズレていて、何が違うのかを追究する学びです。道徳の時間に立ち止まり、自分の考えを見つめ直したり、今までの自分の姿を教材や本時の話し合いから見つめ直す時間になっていくはずです。

●友達とのズレ

　自分が思っていることと、友達が思っていることがちがうという場面で「どちらが大事なのだろう」や「それぞれの立場のよさは何だろう」というような問いをつくることができます。このような問いでは、多面的・多角的な見方ができるようになります。

　問いをつくれるようになったクラスは、その次のステップとして、「問いの意味」を自分たちで意識できるようにさらに学び方を教えていきたいところです。

　主人公が変わった理由が分かると、自分たちも変われるのかもしれない。
　そのよさをしっかり考えると、自分たちもそうなりたいという心のエネルギーが大きくなるのかもしれない。
　反対に、それがどんなにだめなことなのか、いろいろな面から考えること

で、直そうとする心のエネルギーを大きくできるのかもしれない。

というように、その問いを授業で考える意味自体を子どもが認識できるような学びを目指していきたいですね。

　道徳の時間で大事なのは「『鏡』だよ。」と私は言います。教材を鏡に自分を見る。主人公を鏡にして、自分を見る。友達を鏡にして、自分を見る。と対象について考えることを自分を見つめることに返すことが大切だという意味です。

　自らもった問いを、最後には自分に返す。こうした学び方を育てていきたいですね。そういう意味でも、教師が教えたい内容を理解させるために、教師が問いを与えるという授業スタイルは、すでに転換の時が来ていると言ってよいと私は思います。

子どもが問いを生む、問いをつくる意味

　学習指導要領では、学習の基盤となる資質能力として「言語能力」「情報活用能力」「問題発見・解決能力」等をあげています。これらの能力は、どの教科等においても大切にされるべきもので、道徳科も例外ではありません。教師が「中心発問」としていつも問うてしまっていれば、「問題発見能力」の育成にはつながっていきません。お膳立てしすぎると、自分でする力が失われてしまうのです。

　道徳科の教材で「相手が頑張ればできることまでやってあげるのは、ほんとうに親切と言えるのかな？」というような内容を考える教材があります。これと同じレベルで、教師が問いを準備しすぎてしまって、子どもが頑張ってやればできる機会を奪ってしまっていることが多いのが現状のように思います。相手を信じる、相手のためをもっと広い視点で考えることが必要な場面です。

　これからの時代の道徳科は、子どもが考え続けることが大切です。そして、考え続けるためには、問いを与えられるだけではなく、自らが問いを生むことができるようになることが必要です。子どもを信じて、子どもたちにそういう力を付けるコンピテンシーベースの授業改善を目指したいですね。

問いを解決するための対話

　問いについて一人一人が考え、みんなで議論しながら解決していきます。これは、一つの解を出すということではありません。つまり、一定のまとめのようなものは、基本的には生まれないはずです。道徳的価値としてどのようなよさがあるかやそれを実現のための難しさなどについては、整理できるはずですが、それも、全員にあてはまるわけではありません。

　みんなで議論はしていくけれども、それを受けて、最後は自分で自分の生き方、大切にしていきたいことなどを考えるのです。私は、道徳で大事なのは「鏡」だよと言います。他者との対話、教材との対話は、自分を見つめるための鏡です。Aくんの意見を聞いて、自分を見つめる。Bさんの意見を聞いて、再度自分を見つめる。「あーだ。こーだ。」と言いながら、自分の意見を作っていくのです。ですから、答えは、それぞれの子の中にある。これは「納得解」と呼ばれることが多くあります。

　なお、自分を見つめるためには、必ず鏡が必要です。例えば、自分は背が高いのかどうか、それは、一人ではわかりません。足が速い方なのか、怒りっぽい方なのか、他者がいて比較することによって自分がわかるのです。自分は命を大切にしているのだろうか。一人で考えても分からないのです。他の人の話を聞きながら、自分のことを考える。対話は鏡であり、対話は自分なりの答えをもつための方法であるということを子どもたちに伝えていきましょう。なんのためにみんなで考えるのか、みんなの意見を聞くのは何のためなのか、教師自身が説明できるようになっておくことが大切なのです。こうした学び方も、子どもたちに伝えていきたいですね。

　なお、「みんなで考える」という言葉に気を付けることが必要です。

　陥りがちなパターンの１つ目は、みんなで考えましょうといい、多くの子が発言をする授業。これは順にいろいろな子が意見を言っているだけで、いわゆる発表会状態。互いに何を言おうが、意見をかみ合わせることはなく、リレーで発言が続きます。そして、先生はある特定の意見だけを板書したり、その時だけいいリアクションをしたりするのです。このパターンでは、黒板にある「ゴールっぽい言葉」をもとに振り返りをしているだけで、一人一人が考えているように見えて考えていないことが多いのです。

陥りがちなパターン2の授業は、クラスの声の大きい子（インフルエンサー）の真似をすることに終始する授業。聞こえのいいこと、いわゆるいいこの答えを真似して、金太郎飴のごとく同じようなことをみんながいう授業にならないようにしなければいけません。そういう意味では、まとめを書くことも学級によっては十分に気を付ける必要があります。むしろ、まとめは板書せずに、それぞれの中にあるというスタンスのほうがよいかもしれません。

教材の山場の見つけ方

　道徳の教材の多くは、教材の中で主人公が変容します。その変化の瞬間がどこであるのか、そのきっかけは何なのか。これを早くつかむことができれば、中心として話し合いたい場面に多くの時間を使うことができるようになります。この学び方は、国語科を中心に指導しておくとよいでしょう。もちろん、道徳科でも練習することで、教材の構造をあっという間に把握できる子が育ちます。

　例　ももたろうで山場見つけの練習

Ｔ：ももたろうのお話は知っているよね。山場（クライマックス）はどこだろう？
Ｃ：鬼退治したところ！
Ｔ：ふむふむ。山場というのは、その前後で何かが変わるんだけど、何が変わっているかな？
Ｃ：平和になった！
Ｔ：なるほど、平和になったね。では、鬼退治の前は平和じゃなかったの？
Ｃ：鬼が来て襲われていた。
Ｔ：ということは、襲われていた→【鬼退治】→平和になった　と変化したんだね。
　　このように周りの様子が変わることを「情景」が変わったと言います。
Ｔ：変わった人はいないかな？
Ｃ：鬼が変わった
Ｔ：どう変わったの？
Ｃ：襲ってやる！が反省に変わった。

T：そうだね。襲ってやる→【鬼退治】→もうしません（反省）と変わったね、これを「心情」が変わったと言います。

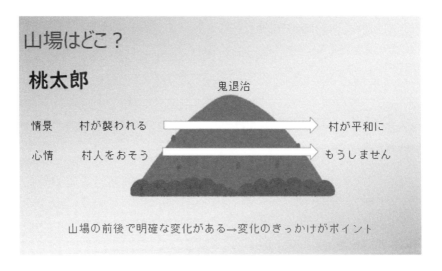

例　浦島太郎で山場見つけの練習

T：浦島太郎は知っているよね。どんなお話し？
C：カメを助けて、竜宮城に行って、玉手箱をもらって、開けちゃったらおじいさんになった話。
T：そうだね。では、山場はどこでしょう。グループの人と作戦会議してごらん。
C：（話し合い）
T：では、山場はどこかな？
C：竜宮城に行ったところ！玉手箱を開けたところ！
T：お、山場は一つじゃなさそうだね、どっちが高いやまでしょうね。大きく変わるところが、高い山と考えてごらん。
C：玉手箱の方が、おじいさんになっちゃったから変わっていそう。
T：玉手箱が山場だとすると、何が変わったの？
C：おじいさんになった！山場の前は、もともとおにいさんだったのに！
T：そうですね。浦島太郎の見た目が変わりましたね。
　　お兄さん　→【玉手箱を開ける】→おじいさん　これを「様子が変わった」と言います。

「心情」や「情景」はどうですか？

Ｃ：心情は、「開けたいな」が、「開けなきゃよかった」に変わった。
　　情景は、「村の様子が変わった」

Ｔ：そうだね、山場を見つけることができたね。

このように、学び方を教え文章の構造を、読み取れる子どもたちを育てておくと、考え、議論する時間を確保できるようになります。

なお、山場は本文中にない場合もあります。クライマックスで終わり、その後が描かれていない場合です。この場合は、山場で変わるという前提のもと、この後どうなりそうかなぁというところからスタートするとよいでしょう。すると、「きっとこうなりそう！」といわゆる予定調和的な予想をする子もいれば、「いや、人間はすぐ変われない。きっとまた失敗する。」という子も出てきます。これは、描かれていないからこそ、生まれる気付きです。「確かに人間すぐは変われないよね。でも、変わろうとはしているのかな？」というあたりに焦点化していくと、ここでも問いを生むことができそうです。

最近は、学習指導要領の趣旨にのっとり、多様な教材が用意されていて、一枚絵（写真）や漫画の形式のものもあります。漫画の場合は、山場が存在することが多いので、同様に考えることができます。一枚絵（写真）の場合は、どんなシーンで、この前後はどうなるのか、という写真から感じられるエピソードを中心に考えていくとよいかもしれません。これについては、ケースバイケースとなりますが、子どもたちの意見の中に、きっとズレが出てきますので、それを生かして問いづくりをしてみてください。

山場を生かした問いづくり

山場を確認した後に、「では、今日は何を考えるとよさそうかな？」と子どもに問うて、問いをつくれるかどうかがポイントになります。もちろん、はじめはできないでしょう。それは、先生がお膳立てしすぎてきた結果です。

子どもたちが問いをつくる経験をしていけばだんだんできるようになってきます。

「うちのクラスはできない。」それは、指導の表れなのです。ぜひ、問いを自分たちでつくることができるように、子どもたちを育てていきたいですね。

では、山場を共通理解した上で、問いをつくっていく学び方をお伝えします。

●例　浦島太郎で　教材内の変化から問いを生む練習

> T：浦島太郎の心情の変化に注目してみましょう。
> 　「開けたい」→【玉手箱】→「開けなきゃよかった」
> 　この浦島太郎の気持ちが、自分も分かるなぁという人はいますか？
> C：開けるなと言われたら開けたくなっちゃう！
> C：やっぱり言われたとおりにしたらよかったなぁと、後悔することはある！
> T：なるほど、みんなは、おじいさんにはなっていないけど、浦島太郎だけじゃなくて、こういうことはみんなの周りでも起きているということだね。
> T：では、同じ失敗を繰り返さないために、どんなことを考えていくと、みんなの心のエネルギーを大きくすることができるのだろうね。悩んでいる子が多いから、グループで作成会議してみていいよ。
> 　（作戦会議）
> T：では、どんな話題だったか、みんなで共有しましょう。
> C：ついついダメと言われてもやりたくなっちゃう気持ちをどう抑えたらいいのか。
> C：わかっていても、ついやりたくなっちゃうのをどうしたらいいのか。
> C：後悔しないために、なにを大切にしたらいいのか。
> T：なるほどね。みんなは、心のブレーキをどうやったらかけられるのかを考えてみたら、自分たちに生かせるかもと思っているみたいだね。今日はみんなで、そのあたりを考えていきましょうかね。

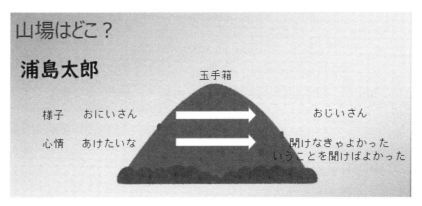

　このように、数分でよいので、子どもたちと問いをつくる練習をしていく
ことが、学び方を教える第１歩です。できれば、第１時のオリエンテーショ
ンや第２時の教材を指導する前にこのあたりを指導しておくことをお勧めし
ます。なお、前の学年で経験していれば、スムーズにこうした学び方ができ
るようになっているはずです。反対に、前の学年でずっと問いを与えられて
きた子どもたちは、「先生！今日の課題は何ですか？」と自ら問いを生み出
す力を失ってしまうのです。

　ブタとイノシシは、生物学的には同じ生き物だそうです。

　イノシシを家畜化したのが、ブタなのです。

　あんなに、自分で獲物を採ってたくましく生きているイノシシでさえ、人間によって飼いならされることによってブタになっていくのです。では、ブタになってから山に急に戻したとして、たくましく生きていけるでしょうか。多くの方が、それは無理かもと思うのではないでしょうか。

　例え話として、子どもをブタとイノシシで表現しますが、子どもをブタ扱いしているわけではありません。あくまで例え話であると、あえて説明しておきます。

　全部を大人がやってしまうと、自分は自分でできるようになりません。料理を上げ膳据え膳で与え続けていれば、自分で料理をする力は身につきませんね。エプロンや三角巾にゴム紐をつけてあげて、結ばなくてもよいようにしてあげていれば、子どもはいつまでたっても自分で紐を結べるようにはなりません。子ども同士が喧嘩したら、親が登場して仲裁することを続けていれば、自分で解決したり、あやまったりできない子が育ってしまうのです。このように先回りして子どもが失敗しないように、地ならしをする親を「カーリングペアレント」と呼ぶことがあります。

　さて、学校の話に戻すと、「カーリングティーチャー」になっている先生が、いるような気がするのです。

　中心発問という名で、問いを与え続け、自ら問いを生み出せなくしてしまっている可能性もあります。うちのクラスは書く力がないからと言って、ワークシートに問いも設問もすべて印刷してしまっていれば、いつまでたっても書く力は身に付かないでしょう。

　本時のねらいに達成するという目先の目標はもちろん大事ですが、どんな子を育てていくのかというもう少し長い目をもちながら、日々の学習を積み重ねていきたいものです。

　イノシシは、自ら突き進みます。なので、教師がこれを考えてほしいなぁという思いが強いほど、迷惑な存在にも思えてしまいます。教師が与えた問いを素直に喜ぶブタのような状況の方が、指導しやすいという先生も一定数いるのです。

　教師がやりたいことを素直に受け取る子どもにもよさはあるでしょう。でも、そういう子は、いつも他の人に決めてもらってきたので、「自分で何をしたいのか」も分からず、自己決定もできない子になってしまう可能

性もあるのです。

　むしろ、「俺はこれを考えたい！」と自ら問いをもち、考え続けるイノシシのような子どもたちが、これからの変化の激しい時代をたくましく生きていけると思うのです。

ねらいにせまるためのＡＢＣＤを生かした教師の切り返し

　子どもとともに問いをつくる。そして、子ども主導の授業を目指してみましょうというと必ず「ねらいに到達できるのか」という不安の声をよく聞きます。それを克服するために、「ABCD」を意識した切り返しについて考えてみましょう。

　道徳科の内容項目は、学習指導要領解説では、次のように整理されて示されています。

Ａ 主として自分自身に関すること
Ｂ 主として人との関わりに関すること
Ｃ 主として集団や社会との関わりに関すること
Ｄ 主として生命や自然、崇高なものとの関わりに関すること

「Ａ 主として自分自身に関すること」は、
自己の在り方を自分自身との関わりで捉え、望ましい自己の形成を図ることに関するもの

「Ｂ 主として人との関わりに関すること」は、
自己を人との関わりにおいて捉え、望ましい人間関係の構築を図ることに関するもの

「C 主として集団や社会との関わりに関すること」は、

自己を様々な社会集団や郷土、国家、国際社会との関わりにおいて捉え、国際社会と向き合うことが求められている我が国に生きる日本人としての自覚に立ち、平和で民主的な国家及び社会の形成者として必要な道徳性を養うことに関するもの

「D 主として生命や自然、崇高なものとの関わりに関すること」は、

自己を生命や自然、美しいもの、気高いもの、崇高なものとの関わりにおいて捉え、人間としての自覚を深めることに関するもの

となっています。

　この整理を切り返しに生かすのです。

　例えば、Aの「正直」を主たる内容として学習を展開したとしましょう。

Ｔ：正直に言うって頭では分かっているけど、言えないときってあるよね。
　　そんなシーン、今まで自分になかったかちょっと振り返って考えてみて？
　　どんな経験を持っているのか、お友達にお話ししてみようか。
（ペアで視野を広げたり、経験を共有したりする）
Ｔ：正直に言えないことはよくあるけど、どうしてダメなんだろうね。
Ｃ：相手ががっかりする。
　　自分がもやもやする。
　　早く言っておけばよかったと、後悔する。
Ｔ：ここから切り返して深く考えるシーン

　さて、ここで切り返しのシーンになります。

【切り返し1】

　Ｔ：相手がかっがりするって、どんなことかな？

　Ｃ：嘘ついてるのがばれたら、相手が悲しむってこと。

　Ｔ：そうなんだね、そういうことがあったの？

　Ｃ：まえに、お母さんと……

　Ｔ：そうなんだね、うそをつくと、相手をきず付けてしまうから、だめな

んだね。

　これ、いつの間にか、相手のことを思うという話になっていますね。これは、Ｂの内容項目に近くなってしまっています。
　その原因は、「相手」のことを聞いているからです。もちろん、子どもも意見を無視しろと言っているわけではありませんが、ここが本時の中心ではないと、教師が授業づくりの段階で意識できていれば、ここに多くの時間をかけることがなくなります。

　この教材は「Ａ」の内容項目ですので、相手でなく「自分」はどうかな？と切り返していくとよいでしょう。
【切り返し２】
　Ｔ：相手がかっがりするって、どんなことかな？
　Ｃ：嘘ついてるのがばれたら、相手が悲しむってこと。
　Ｔ：そうか、それを見て自分はどうだった？
　Ｃ：正直に言っておけば、そんなことにならかったから、早く言えればよ
　　　かったなあと思った。
　Ｔ：正直に言えずに、うそをついちゃっているとき、自分の心はどんな感
　　　じだったの？
　Ｃ：ドキドキするし、なんかもやもやするし……
　Ｔ：こういう気持ち、みんなも経験あるかな？

　こうして、「Ａ」の内容項目では「自分」をキーワードに問い返していくと、いわゆる中心として考えを深めようとするシーンについて焦点化して時間をかけることができるようになるわけです。
　この例から分かる通り、教師が何かを教えるというよりは、子どもの経験と教材とつなぎながら、自分事の学びになるようなファシリテートも大切です。

　同様に「Ｂ」の内容項目では、「相手」をキーワードに切り返していくことで、議論を焦点化していくことができます。

例えば友情・信頼で考えてみます。友達が宿題を忘れ、見せてと言ってきた場面で、「嫌われたくないから宿題を見せようかな」という意見があったとしましょう。これは、自分という視点で考えています。だから間違いということではありません。ですが、ここで盛り上がって議論をしていても本時のねらいにはたどり着かないのです。AではなくてBの内容項目であることから、「相手にとってはどうかな？」と切り返していくことが求められます。すると、「その時は助かるけど、その人のためにはならない」ということに目を向けていけるでしょう。Bの視点で、道徳的価値を捉えたうえで、人間的な弱さとして「でも、断りにくいな……」というように考えられるようにしていくのです。このように内容項目のBを意識していくと、子どもたちの意見を聞き分けることができるようになっていくのです。

　「今日の学習はBの内容だから、『相手』という視点で考えていこうか。そのうえで、実現できるかどうかという自分の心にも目を向けていこう」というような説明で、学び方を伝えていくくこともできるでしょう。コンピテンシーベースの道徳は、こうした積み重ねでも実現していけるのです。

　また、同様に「C」の内容項目では、「みんな」「周りの人」がキーワードになります。

　規則の尊重を例に考えてみましょう。学習の中で、「規則を破ると自分が怪我をするから、守るようにします。」という意見があったとします。これは、Cの内容になっていませんね。Aの節度節制に近い内容です。やりすぎてしまい、その結果として自分が損をするというニュアンスの意見です。規則には、安全という意味もありますが、ここに終始していては、Cの窓口から生き方を考えることにはつながりません。つまり、ねらいは達成できないということになるのです。

　こんな時には「みんな」という視点で考えるのです。「例えば、お店の中では走らない」という規則について、自分が怪我をするという意味を感じている子に「お店にいる人たちみんなにとっては、どうかな？」と問うのです。「他の人に迷惑がかかる。」「他の人も怪我してしまうかもしれまい。」「安心して買い物ができない。」だから規則は大事だ。とCの視点で考えることが

できるようになります。

　もちろん、「自分」「相手」という視点でも規則を捉えることはできますが、Cの内容項目は、「みんな」というキーワードで考えながら、自分の生き方を考えていくことが大切なのです。

　最後に、「D」の内容項目です。これは、私も正直悩むところではあります。「自分」「相手」「みんな」のすべての観点から考えてみることで、「D」の内容をより多面的多角的に考えられると思っています。これについては、さらに研究を続けて、機会があれば、もっと分かりやすい形でお伝えできるように追究したいと思います。

心の見つめ方

　心は目に見えるものではありません。姿や行動となって表れるともいわれますが、やはり「心」自体は見えないのです。

　見えない心を子どもたちがわかりやすく捉えることができるように「アンパンマン」と「バイキンマン」をつかってみましょう。「アンパンマン」をあまりご存じない方は、TVアニメを一度ご覧いただくと、以下のたとえ話がすっと入ってくると思います。

　「道徳的価値を実現しようとする心（アンパンマン）」と「人間的な弱い心（バイキンマン）」が、人の心の中にいます。いい人にアンパンマンの心があるのではなく、どんな人にも「アンパンマン」と「バイキンマン」の両方の心があるのです。「次の日、学校だから早く寝なくちゃ」という「アンパンマン」の心と、「もう少し夜更かししてもいいじゃん。」というバイキンマンの心の両方が存在しているというイメージです。

　以下、道徳のオリエンテーションで説明する例をご紹介します。

　Ｔ：みんなこのキャラクター知ってる？（アンパンマンを提示して）
　Ｃ：知ってる！！　もう見てないよ。　弟は見てる！
　Ｔ：隣の人とアンパンマンのいいところを３つ考えてみて。
　Ｃ：早速相談
　Ｔ：じゃあ、考えたことを教えてくれるかな？（と手を挙げながら質問）

Ｃ：挙手多数

Ｔ：（あまり挙手したことない子に指名）○○さん教えてくれるかな？

Ｃ：みんなを助けてくれるからやさしい

　（言い終わったとたんに、「ハイハイ！！」が始まる）

Ｔ：ちょっと待ってね。今の友達の発表について無視しないでほしいなぁ。「同じことを考えていました。」「いい考えだと思いました。」「なるほどー。」とか、せっかく友達が頑張っていったのだから、反応してくれるかな？じゃあ、タイムマシンで時間を戻したつもりでもう一回ね。○○さん教えてくれるかな？

Ｃ：みんなを助けてくれるからやさしい

Ｃ：同じです！たしかに！私もそう思った！

Ｔ：（周りを見渡し反応できた子を見つけ）おー、いい反応だね。
　（発表した子に向けて）みんなが反応してくれてどうだった？

Ｃ：うれしかった。

Ｔ：お、みんなの反応で、クラスメイトの一人を幸せにできたね。こうやって、友達を大切にする学び方ができるといいね。さて、じゃあ、ほかにも考えを教えてくれる人？

Ｃ：正義の味方！

Ｔ：（子どもの反応を待つ。反応できなかったら、耳に掌をもっていき、反応を待つ。）
　先生もいい考えだなぁと思うよ、もう少し詳しく教えてほしいなぁ。正義の味方ってどういうこと？

Ｃ：バイキンマンをやっつける。

Ｔ：（反応を待つ）

Ｃ：アーンパーンチ！アンキックもあるよ！

Ｔ：そうだね。みんなすごいね。先生が言わなくても、話をつなげているよね。友達の意見をよく聞いている証拠だね。あと一つは……

　このように、心の中のアンパンマンとバイキンマンという内容（コンテンツ）を教えながら、同時に学び方（コンピテンシー）を育てていくわけです。アンパンマンのよさには、いろいろあって、多様な考えが出やすく、意見を出し合う練習にもつながります。ちなみに、どの内容がでても OK です。ある程度、発表したり意見をつなぐ練習ができたら、次に進みます。

Ｔ：では、そろそろ次のことを考えてみようかな。次は、バイキンマン

Ｃ：バイキンマンの悪いところ！？

Ｔ：そう思うでしょ。でも今日は、バイキンマンのすごいところを３つ考え
　　てみてください。

Ｃ：えーーーー

Ｔ：じゃあ、隣の人と作戦会議してもよいよ。

Ｃ：（隣の人と会話）

Ｔ：（会話できないペアをフォロー）

Ｔ：では、バイキンマンのすごいところを教えてください。

Ｃ：ドキンちゃんに優しい

Ｔ：（ここでも、しつこく反応を待つ。そうすると、教師が反応するのではなく、子ども同
　　士で反応するクラスに近づく。つないで話す子がいたら取り上げて認める。）

Ｃ：「ほかにもあります！」「ほかにも思いついた！」

Ｔ：お、ほかにもある人いるのね。やる気いっぱいでうれしいなぁ。じゃあ、
　　今発表した人が当ててあげてくれるかな？

Ｃ：その子のほうを向いて（はい！！はい！と挙手多数になる）

Ｃ：○○さん

Ｃ：発明がすごい

Ｃ：あー。たしかに！すごいマシンを考えるよね！（このくらい繰り返すと、教
　　師を待たずにつなぎ発言ができるようになってくる。）

Ｔ：みんな、話をつなぎながら学べているね。道徳の学び方上手になってき
　　たねー。

Ｃ：ほかにもあります！！

Ｔ：当てていいですよー。

Ｃ：○○さん

Ｃ：何回もアンパンチされてもあきらめないところがすごい。

Ｃ：たしかに！絶対新しいメカ考えてるもんね！

Ｔ：そうなんです。みんなの言うとおりだね、じゃあ、ちょっと先生にお話
　　しさせてね。

　このような形で、バイキンマンのすごいところを出しあいながら、リレー
発言の練習などもさせていくとよいでしょう。このように内容を教えつつも、
常にコンピテンシーベースでどういう指導をしていくのかを考えていくよう
にしたいのです。こうしたオリエンテーションでも、「学び方を学ぶ」とい
うことを子どもたちに感じさせたいところです。

では、ここからが、いよいよ本題です。

T：（アンパンマンの顔とバイキンマンの顔を2つの印刷した紙をもちながら）
例えばね、学校の廊下、つい走りたくなっちゃうときない？
アンパンマンの心は「ちゃんと歩かなきゃ」と言っているけど、バイキンマンの心が「ちょっとくらいいいじゃん」「先生も見てないし」「ほかにも走っている人いるし」と言う。どっちが勝つと思う？みんなならどう？

C：バイキンマン！！！

T：人によると思うけど、バイキンマンは強いよね。アンパンマンは、すぐに「顔がふやけて力が出ない〜」となってしまう。（持っているアンパンマンの顔の前面にバイキンマンを重ねる）

C：あ〜。やられちゃった……

T：そうして、ついついはしってしまうのさね。こういう時、バイキンマンをやっつけるためには、どうしたらいいかなぁ？？

C：ジャムおじさんに顔を焼いてもらう！

T：そうだね。ここで例えば、先生を見たら……急にアンパンマンの心が勝って、バイキンマンはバイバイキーンとなる。だから、急に走るのやめるよね。これでおしまいだといいんだけど〜。バイキンマンは、すぐに戻ってくる。しぶといもんね。だから、また、先生がいなくなったら、やっぱり走りたくなっちゃうのさね。こうやって心の中で、アンパンマンの心とバイキンマンの心はいつも戦っているの。みんなの心は、どっちが強い？

C：（それぞれがつぶやく）

T：先生の心のバイキンマンも結構強くて、もっとぎりぎりまで寝ていようよ。と今日の朝もやっつけるのが大変だったよ。でも、お仕事だから頑張らなきゃって、バイキンマンを何とかやっつけて学校に来ました。子どもの時はお母さんがジャムおじさん役だったけど、大人になると自分でジャムおじさんの役もしなくちゃいけないし、アンパンマンも強くしなくちゃいけない。そのために、道徳でパワーアップをしていくんだよ。

　このような感じで、心の中をイメージできるようにしていくのです。すると、葛藤が捉えやすくなります。「バイキンマンの心は何と言っているかな？」と心の弱さの中身を考えることもできるようになっていくのです。こ

れにより、自分の弱さやそれを乗り越えて価値を実現したいという自分のよりよく生きたい気持ち（アンパンマンの心の声）にも気づくことができるようになっていくのです。目に見えない心を擬人化してとらえる学び方にチャレンジしてみてはいかがでしょうか。

　なお、この時に使ったイラストは、道徳の板書でも使っていくようにします。主人公の心の揺れを表すときに使えるのです。ちなみに、ジャムおじさん役になった人や出来事が何かというあたりが、道徳の教材の山場だったりします。学び方を教えていく中で、こうしたことにも子どもたちが気付いていくことができます。すると、道徳教材を読む目がよくなり、そこから生き方を考えることもできるようになっていくのです。

振り返りの仕方を教える

　「振り返りましょう。」と言われても、子どもたちは何をしていいのか分かりません。振り返っているつもりでも、実は何も見えていないことがあるのです。何をするのかを具体的に指導されていない場合が多いからです。

　これは「鏡見てごらん。」と言われて自分の顔を見ても、何も気づけない場合があるのと同じです。この時、「ほっぺたに何かついているよ。」と鏡を見つめる視点があれば、「あ！」っと気付くことができます。

　学び方のひとつとして、「振り返りの仕方」を教えることも大切にしたいポイントです。

　読書感想文を思い浮かべてみましょう。書き方を指導しなければ、「本のあらすじや要約」を書いて終わる子が必ず出てきます。自分の思い、感想が含まれていないものです。これでは、読書感想文とは言えません。道徳の振り返りは、この読書感想文に似ているなぁと思います。

　あるお話を読む、それを読んで動いた自分の心、それを読んで重なった自分の経験、それを読んで気付いた自分のこれから。など、自分のことを書くのが感想文です。道徳科の振り返りで、教材文のことを要約したり、主人公についてまとめている場合もあります。それは、振り返り方を学び方として指導していないから起きてしまっているのです。

私は、振り返りのときに、「自分コーナー」と「友達コーナー」をつくりましょう。と行ってきました。それぞれのコーナーの意味は、次の通りです。

●自分コーナー
ここには、自分の学びを書くようにします。みんなで話し合っていたようなことと今までの自分をつなげて考えてみます。もしくは、これからの自分について考えてみるのもよいでしょう。主人公のセーブではなく、自分のことをセーブしてほしいのです。

●友達コーナー
ここには、今日の45分の授業で、友達のどんな意見が参考になったのか、自分に影響したのかを書きます。道徳の時間はみんなで話し合うことで気付きがたくさん生まれます。「似ているなぁ。」ということもあれば、「え、そういう考え方もあるのか。」という新たな気付きもあるでしょう。そういう友達と一緒に学習したからこその学びをセーブしておきましょう。

　ゲームをよくしている今の世代の子どもたちにもよく伝わる表現として「セーブ」という言葉を使います。セーブは、せっかく進んだその日のプレイを記録しておくことです。授業で言えば、せっかく45分学習したのだから、セーブして残しておこうということです。この言い回しは、「ロード（続きから）」にもつながります。前はどんなことを学んだかな？という時に、自ら記録を振り返り「ロード」する子が育ちます。

　こういう小さな種まきによって、「あ、まえも似たようなことを考えた！」「ここにもつながっているかも」と既習と本時の学習を関連付けて考えることができる子どもたちになっていくのです。これも学び方の一つとして教えていきたいですね。

　なお、評価に関わっては、「自分コーナー」では「道徳的価値の理解を自分自身との関わりの中で深めているかどうか」という点を確かめることができます。また、「友達コーナー」では、「一面的な見方から多面的・多角的な見方へと発展させているかどうか」という点を確かめることができます。こういうことを意識して指導する。そして評価につなげることが指導の評価の

一体化なのです。

学び方を学ぶためのルーブリック

　ここまで、いろいろな学び方について考えてきました。これを日常的に意識できるようにするために「ルーブリック」を用いることをおすすめします。

例　聞き方をどのように育てるのか

　　Ｔ：みんなは友達が発表しているときどんな聞き方をするといいのかな？
　　Ｃ：相手を見る！静かにする！！
　　Ｔ：なるほど、そうだね。それができていないのは？
　　Ｃ：それはやばい。ダメだと思う！
　　Ｔ：ということは「静かに相手の方をみて聞く」は、最低限のラインということだね。
　　　　もっといい聞き方ってあるかな？
　　Ｃ：聞いているときに、うなずく！
　　Ｔ：それできたら、いいねー。
　　Ｃ：無視しないで反応する！
　　Ｔ：確かにそれもいいね。「うなずきながら聞く」と「反応できる」は、どっちがレベルが高いの？
　　Ｃ：反応する方が難しい。じゃあ、聞き方のルーブリックをつくってみるね。

Ｓ	友達の発表を聞いて反応できる
Ａ	友達の発表をうなずきながら聞ける
Ｂ	友達の発表を静かに相手の方を見て聞ける

　こんな風に、どんな学び方をしてくと言いかなというのがルーブリックです。これは、「今日全員がＳをめざしましょう。」という使い方をするわけで

はなく、自分は今日はこれをめざしたいなぁというように、自分で目標をもって学ぶために使うものなんだよ。今日は、ＳＡＢのどこを目指してみようか、自分のノートのすみっこに、記号を書いてごらん。

　このように、ルーブリックを子どもとつくりながら、自分なりの目標をもって学べるようにすることで、学び方を身に付けていくことができるのです。このような積み重ねが、コンピテンシーベースの授業につながっていくわけです。

　なお、授業の最後には、ルーブリックをもとに自己評価をします。

　Ｔ：ルーブリックは、達成できたかな。自分の目標ができた人は、最初に
　　　書いてあった記号に〇を付けましょう。今日は、できなかったなぁと
　　　いう人は△を付けておきましょう。

　このように、自分の目標を自分で振り返ることで、自分の学び方についての「学びの現在地」が分かるようになるのです。こうしたメタ認知が、次の時間のルーブリックの活用につながっていきます。

　なお、みんながＳをできるようになってきたら、さらに高レベルを目指してみようか？とＳＳ、ＳＳＳなど新たなルーブリックに進化させていくとよいでしょう。
　私のクラスでは
　Ｓ　　「あいうえお」を使って反応できる。
　ＳＳ　「あいうえお」以外をつかって、オリジナルの反応ができる。
　ＳＳＳ　友達の発表に質問できる。

というように進化していました。なお、「あいうえお」は、反応の仕方として教えたものです。（P.86参照）

友達の話を聞いて黙っていては、無視していること同じ。せっかく友達が頑張って話したのだから、それをしっかり受け取ったよという気持ちを反応で表していこう。と授業の中で友達を大切にすることとはどんなことなのかを考えさせながら、反応の仕方も学び方として教えるようにするといいでしょう。（P.67のオリエンテーションの例を参考）

ちなみに、「あいうえお」以外に「たしかに」「わかる〜」「そだねー。」とレパートリーが増えるほど、自然な反応になっていきます。こうした学び方の種まきが、多面的多角的に見ることにつながっていくのです。

なお、話し方のルーブリックや振り返りのルーブリックも同様に子どもと一緒に作っていくとよいでしょう。

指導と評価支援システムの運用

仕事に追われる学期末、評価業務支援に本システムを活用して、効率的に所見を完成させよう。たしかに、あっという間に所見のもとを作ることができます。しかし、これは単にその場しのぎというだけです。これでは、道徳科の指導の充実にはつながりません。

しかし、どうやって所見を書いたらよいのかもまだよく分からない、という初任層の先生方は、こういう使い方からまずは始めるということもあるかもしれません。実際に、そうして所見を書いていくうちに、「こういう姿をめざして行けばよいのか。」「こういう内容について、自己を見つめられるといいんだなぁ」と、自らの道徳授業を振り返るチャンスにもなるからです。こういう気付きがあれば、次の4月には、目指す姿を意識しながらの授業づくりができるようになっていくことが期待されます。教師の学びとして、コンテンツベースだけではなくコンピテンシーベースでも子どもの学びを表現している本システムが有効に作用すると考えられます。

実際に、試用した若手教員からは、「道徳で、どういう学びをさせていけばよいのか、イメージすることができた。次年度は、4月から目指す姿を意識しながら授業をしていきたい。」という声もあったことからも、このよう

な効果も期待できます。

　本システムは、学期末だけに使うことを想定していません。それでは、学期末に「所見例文集」を買ってきて、その場しのぎに例文を当てはめることと変わらないのです。そうした書籍を買ってきて自分で文字を打つよりは、断然効率的、かつ文章の組み合わせにより、より一人一人にあった所見のもとを作成することはできますので、そういう意味では、働き方改革にもつながりますし、そのゆとりで、より一人一人に合うようにカスタマイズしていくことができるというメリットもあります。

　本書では、そういう学期末の働き方改革という側面にプラスして、授業改善に生かせる使い方を提唱したいと思います。

　みなさんのご家庭では、カレーライスを作るときにスパイスを調合するところから始めますか？それともレトルトカレーでしょうか。もしくは、カレールウの素を使うでしょうか。

　カレールウの素を使う方が多いと思いますが、これはダメなのでしょうか。少なくとも、限られた時間の中で、ある程度のクオリティを担保できるので、素を使うことはダメではないと思います。

　スパイスから作ったんだけど、失敗して夕食に間に合いません。もしくは、間に合ったのですが、とても食べられるレベルではありません。というのは避けたいですね。

　この本の付録のシステムは、「カレールウの素」のようなものです。多忙な先生方が通知表の締め切り日までという限られた時間の中で、子どもたちや家庭にある程度のクオリティを担保した所見を出すことができるようにするために使います。

　みなさんのご家庭では、隠し味に醤油を入れたり、牛乳を入れたり、カツやチーズ、目玉焼きを上にのせたりするかもしれませんね。パパっとつくれると、こうしたアレンジをすることもできるのです。もちろん、カレールウでつくり慣れてきたら、スパイスから作れるようになるかもしれません。その時は、無理にカレールウの素を使う必要はありません。

　それと同様に、道徳の所見がスムーズにかけて時間的にも可能であるならば、このシステムを使わなくてもよい時が来るでしょう。ただし、一から自分で書いてみたものの時間が足りず、結局その子に合ったアレンジを十分に検討できないくらいなら、システムを活用してとりあえずの形にすることをお勧めします。

　そんなシステムは、邪道だという先生がいるかもしれません。冷凍餃子を夕食に出したら手抜きだというSNSの書き込みが話題になったことと同じような現象です。

　所見例文集を買ってきて、その子に合ったものを探すくらいなら、日々の指導が反映されているこのシステムの方がずっと目の前の子どもを表す所見を生成して、出力することができるはずです。

　文例の書籍も多く出版されています。文例集をぺらぺらとめくって、週百の文例の中からやみくもにその子にあった文例を探すのでは、ただただ時間がかかるだけです。

　本システムは1学年分で2000通り以上のバリエーションです。各学校

で目指す姿などを追記していけばさらに文例は多くなるのです。

限られた時間です。カレールウの素を使うかのようにこのシステムを使ってみてください。その子らしさが伝わるアレンジをするための時間や余裕が生まれるはずです。

指導の積み重ねの姿を評価する

道徳の評価では学習状況等、道徳性に係わる成長の様子を評価することになっています。その中で、「一面的な見方から多面的な見方や考えを広げているか。自己を見つめ自己の生き方を考えることができているか。」について評価することになります。

このような評価の裏には、例えば、「多面的に見られるようになる」「自己を見つめられるようになる」というような姿をめざした指導の積み重ねが期待されているとも言えるわけです。

学期末や学年末という時期に、子どもたちの成長を改めて見つめなおすと、「この子はこういうよさがあったなぁ。」というように、一人一人のよさが見えてきます。これは、意図して生まれた姿でしょうか。それとも、意図せずみられた姿でしょうか。

子どもたちにとっては、日々の授業で「〜いう学び方はいいね！」と指導されてきたことができていると認められることがうれしいはずです。いつも先生が大切だ言っていたことが自分もできていると思うからです。

つまり、意図して指導を積み重ねてきた結果として見られた姿を評価することが大切なのです。その時に生かすことができるのが、目指す姿リストです。このリストはあらかじめ定型文が入っていますが各学校でアレンジすることが可能です。

年度当初に学年研修や低中高のブロック研修などで系統を意識しつつ設定するのがよいでしょう。また、道徳教育推進教師を中心として系統性を考え、各学年で目指す子どもの姿を設定しても良いと思います。

このシステムを活用してめざす子どもの姿を明らかにする。そして日々そういう視点で授業をつくる。そして、その視点を使って、形成的な評価をして、毎時間その指導はどうだったかをチェックしていくのです。

このような積み重ねをしながら、日々子どもたちを育て、その指導の結果として「このような姿が見られるようになりました」と言う大くくりの評価ができるようになります。

このシステムは、このような指導と評価の一体化を図るシステムです。

まず、評価時期に、指導の結果として見られるようになった姿を選択する。そして、その姿が顕著に見られた教材を選択する。この操作だけで、一人ひとりに合った評価所見文のもとを作成することができるようになっています。また、普段の指導の記録もできるようになっています。これを活用することで、その子がどの教材の学習で、めざす姿に近づいたのを記録しておけるので、所見作成に役立てることが可能となります。

めざす姿が明らかなので、普段の授業づくりがしやすくなります。それと同時に評価すべき子どもの姿も見えてくるので、授業後の評価の記録もしやすくなります。

子どもの学びをみる「教師の目」をよくする

本システムを活用することにより授業づくりや評価業務の支援することができます。これは、先生方の働き方改革を促進することにつながります。単に、楽に働けるようになるだけではなく、より明確な目指す姿を意識して授業をすることができるようになります。その結果として、先生たちが子どもたちの育ちを見る「目力」を身に付ける事ができるのです。その結果として、先生たちが子どもたちの育ちを見る「目力」を身に付ける事ができるのです。このことは、学期末に家庭に伝えたい子どもの姿が明らかになり、より一人一人に適した文章を作成することができるということを意味しています。

これは、大くくりのまとまりでの評価に限ったことではありません。日常の評価でも同様のことが言えます。

例えば、ワークシートの記述に何らかのコメントを返すとしましょう。

　「よく考えましたね。」「親切はとても大事ですよね。」「先生もそう思います。」

　このようなコメントでは具体的にどんな学び方が良かったかが返せていません。

　これはどうして起きるのか。それは意図的にこのような学び方をしてほしいと願っていないために起きてしまう現象で、よく見かける光景でもあります。

　もし、本時の授業で「自分に置き換えて考えられるようになって欲しい」ということを意識していたとしましょう。意識していたのですから、そういう目でワークシートを教師は見ます。そうすると、見逃すことなく「自分と結び付けて考えられましたね。」や「主人公のことだけではなく、自分のこととつなげて考えてみてね」というようなコメントを返せるようになるのではないでしょうか。

　このシステムを用いて授業づくりをすることは、このように指導と評価を一体として改善していくことにつながるのです。

第四章

学び方を学ぶ
コンピテンシーベースの道徳科の実際

―日々の指導が、評価につながるように―

安心して発言できるように

うちのクラスの子は、発表できないんです……

　どんなに先生が教材研究していても、クラスがどうも停滞していると、道徳の授業はうまくいきませんよね。そんな時に伝えてきたい学び方について今一度考えてみましょう。

　まず、人任せという状況を道徳科だけではなく、すべての教科で脱する必要があります。これは、学級経営という枠組みで、子どもたちをどのように学びに誘うのか、ということで、日々の積み重ねが大事と言わざるを得ません。では、道徳ではどういう授業を積み重ねていけばよいのか。まず、先生が何か正解をもっていて、それを45分で学びという子どもの受け身の授業観を亡くしていくということからスタートしてみましょう。

　こういうと、「私は、そんな授業をしていない！」と思われる先生もいらっしゃるでしょう。でも、板書計画で「まとめにこれを書こう」「この教材ではここに気付かせよう」という思いは、子どもにとっては、正解探しになっている可能性は高いのです。

　先生もみんなとよりよい生き方を一緒に考えるという姿勢を一番子どもに伝えやすいのは、「みんなに向かって発表する」ということです。先生に意見を言うのではありません。「先生だけに言うのではなく、みんなの方を見て発表してね。」という教師の姿勢をまず大事にしたいですね。具体的には、できるだけみんなの方をみて話すという方法を教えます。教師の前側の座席の子は、少しだけ前に出て、みんなの方をみて、つまり黒板を背にして教室の後ろの方をみて発表するのです。はじめのうちは、発言の前に「いいですか？」や「皆さん聞いてください。」などを枕詞として指導するのもよいでしょう。

　教師は「きちんと聞きましょう」などとは言いません。「○○さんが、発表しようとしてるよ。」と発言しようとする子のことを考えるように促すの

です。

　更に日常とつなげる道徳教育的に言えば「一生懸命に発表しようとしている子がいるとき、周りの子はどうするのが良いのでしょうか。」とか「共に学ぶクラスの仲間として、どうすることがいいクラスにつながるのでしょうか。」と声をかけることも大きな意味があります。道徳は、日常とつながっているということを、こういうシーンで感じさせることができるのです。

なかなか発表できないクラスではどうしたらいいの？

　GIGAスクール環境のもと、「発表できないから、ＩＣＴを活用して意見を集める」という解決策もあります。これは、全員参加の一手段としては、有効ではありますが、議論するクラスにはなかなか近づいていけません。

　クラスの雰囲気、これまでの学びの経験などから、なかなか発表できないクラスの時もありますね。そういうクラスでも、小グループやペアでは話せる子は多いのではないのでしょうか。もちろん、そのペアでも、発言できない子がいます。その一つの要因に心理的安全性があります。

　発表しても大丈夫という安心感がなければ、なかなか子どもたちは口を開きません。そして、それは当然のことです。

　では、どうやって発言できるようなエネルギーを子どもたちに与えるのか。先生が「いい意見だね。ぜひみんなにも紹介してごらん。」と机間指導中に声をかけるというのもその一つです。ですが、先生一人では、限界がありますね。そんな時には、「作戦会議」を用いるとよいでしょう。

挙手が少ない時には「作戦会議」

　先生が発問する。数人が挙手する。そこで指名してしまっていませんか？

　たしかに、それでも授業は進んでいきます。では、ほかの子たちは、どうして手を挙げないのでしょうか。「うちのクラスは、発表が苦手だから」という理由で、ついつい、元気のいい子を頼って指名。これはよくみるシーンです。

　発表をしない周りの子は、このシーンをどう見ているでしょうか。「おれが手を上げなくても、○○さんが言ってくれるし……」「私は言わなくたっ

て、誰かが発表してくれたら授業は進むから」という感じでしょうか。そもそも、人任せで、発問を聞いていないという可能性もあります。これでは、主体的な学びとは程遠いわけです。

　「ちゃんと聞きなさい」「手を止めて、顔を見て」という聞く姿勢の指導のレベルでは、もう解決できない状態なのです。

　「みんなにしっかり考えてもらいたい」という教師の思いや「みんなはどう考えているのか聞きたいな。」と教師が関心をもっていることを伝えることからスタートしなければなりません。数名の挙手でも、授業を進めるというのは、手を挙げていない子には無関心というヒドゥンカリキュラムになっているなっている可能性があるのです。

　「あ、考え中の人が多いみたいだから、ちょっと作戦会議の時間をとるね。お隣さんと話してごらん」と時間を確保してみましょう。人任せだった子どもたちも、きっとペアでの話し合いを始めます。

「作戦会議」の意味を共有する

　「お隣さんと話してみましょう」と先生に言われ、先生の指示に従うことが目的化しているときには、じっと時が過ぎるのを待つ子どもも出てしまいます。もちろん、楽しそうに話す子もいます。こういう時に「きちんと話しましょう」という指示を出して受け身の姿勢で話したとしても、子どもの学ぶ力は育ちません。

　そこで、「作戦会議」の意味を子どもと共有してみましょう。

　挙手が少ない状況
　Ｔ：「まだ、考え中の人が多いからお隣さんと作戦会議してごらん」
　Ｃ：とりあえず、それぞれのペアで話し合い開始（うまくできないグループも）
　Ｔ：「では、もう一回きくね。〜について、考えを教えてくれる人いるかな？」
　Ｃ：ちょっと挙手が増える
　Ｔ：「お、いくつかのグループは、作成会議が上手くいったみたいだね。」
　　　「学校の先生って、話し合いの後に発表してくれる人？って聞くでしょ。
　　　ということは、作成会議では、そのときに発表できるようにすることが
　　　大事なの。では、それはどうやったらいいのか。相手に『なるほどー。』
　　　『いいねー。』と発表してみようかなぁという発表のエネルギーをあたえ

られたら、それは作成会議の成功なんだよね。そういう気持ちで、もう
　　一回作成会議をしてごらん。」
　C：1回目よりもスムーズに話し合いが始まる。
　T：「では、もう一回きくね。〜について、考えを教えてくれる人いるかな?」
　　「お。すごい、友達にエネルギーを与えられたグループがたくさんあるね!」

　このようなやり取りを積み重ねていく中で、自然と他者の意見に耳を傾け
る子が、育っていきます。もちろん、道徳科だけではなく、他の教科でも指
導をしていくと、より子どもたちの育ちが見られます。

　発表できないから、ワークシートにまとめる時間を確保するという支援も
見られます。しかし、どれだけワークシートに書かせたとしても、周りの空
気が悪ければ子どもたちは発表できません。「発表することが大事なのか」
という場外乱闘のようなご指摘もあるでしょう。いろいろな事情でできない
子がいるのは、言うまでもありません。その子に、無理やり挙手させるとい
うことではないですし、そういう子の声を周りが代弁しながら紹介するとい
う優しさを発揮するチャンスにも変えられることを指摘しておきます。

　発表できるようにするには、周りを育てることが重要です。それでは、そ
のための工夫として「聞き方」の育て方を次に考えてみましょう。

発表する人のことを考えた「聞き方」

　相手の大切にするというのは、授業だけではなく日々の学校生活の基本で
す。「相手を大切にするという心は、授業ではどういう姿で伝えられるか
な?」とも言うことができます。

　T：「今日は、まず、話の聞き方についてちょっとだけ考えてみましょう。」
　　「先生がみんなの話を聞くときに、何を大事にしていると思う?」
　C：挙手が少ない場合
　　→「少し時間を上げるから考えてごらん、作成会議をしてもいいよ。」
　C：「発表している人の方を見る。」
　T：「そうだね。よく先生を見ていたね。」「他にも気づいた人はいるかな?」

Ｃ：「『なるほど。』とか『たしかにね』とか言ってくれる。」

Ｃ：「あー。」（と、つぶやく子がいれば最高）

Ｔ：「おー、そうだよね。いま、『あー』って言えた人もいいよね。発表しても周りが何も言わずに無視したらどう？」

Ｃ：「悲しい…」

Ｔ：「じゃあね、相手を大事にすることって大事。と普段からみんなと言ってきたけれど、授業中は、どうしたらその気持ちを表せられるのかな。」

Ｃ：「相手をちゃんと見て聞く。」「最後まで聞く。」「反応する！」

Ｔ：「いいねー。じゃあ、それができると、みんなが気持ちよく勉強できそうだね。」

このように、自分たちで気づいていくような指導が大切です。そのうえで、反応が上手くできない場合には、次のような掲示をすることもおすすめです。

「反応のあいうえお」を使って、反応の仕方の練習をしてみましょう。教師が、ちょっとしたエピソードを話します。例えば、今日起きてから学校に来るまでというような日常でよいです。その合間に、反応をする練習をするのです。

反応のあいうえお

あ　あ〜　あっ！

い　いいね〜

う　うーん

え　え！！　えー

お　お〜　おっ！

教えたらできるのではなく、教えたことを使ってみる。みんなでやってその空気に安心する。というところまでやらないと、できるようにはなりません。

こうした基本を教えた上で、ルーブリックを活用していくとよいのです。
（P.73 参照）

意図的なワークシートの活用

ワークシートは何のため？

　ワークシートやノートに書くという場面があります。それは、どうしてしているのでしょうか。教師が、子どもの考えを把握したいからというのであれば、子どもたちにとってはあまり必要感を感じませんね。

　そこで、書く意味を子どもたち自身が意識できるようにするための学び方について考えてみましょう。

ワークシートの主な目的
- 　自分の考えを言葉にすることで整理する
- 　自分の考えを記録する
- 　自分（経験や学び）を振り返る

授業冒頭数分を使って

T　「今日は、道徳の学び方を一つ確認してから、授業に入ろうと思います。道徳でワークシートを書くのは、大きく分けて３つのシーンがあるんだけど、どういうシーンで書くことが多いかな？」

C：「最後のふりかえり！」「問いについて考えるとき！」…

T：板書

　　授業のはじめ

　　授業の中心（問い）

　　授業のおわり

　　「この３つのシーンで書くことが多いよね。この３つ、目的が違うのだけど分かるかな？」

C：「授業の中心のときは、自分の考えを書いて、終わりには、ふりかえりを書く」

T：「そうだね。そういう意味もありそうだね。」このように、子どもの発言をつなぎながら、意見を引き出す。

　　子どもの言葉を生かしながら、板書に整理→写真を撮って掲示物にする

○授業のはじめ…今考えていることをメモしておく（最後の自分の考えと比べる）
　　　　　　　今までの経験を思い出す
○授業の中心（問い）…自分の考えをまとめる→話し合いの準備→話し合える
　　　　　　　ようになることが目的
○授業のおわり…今日の学習を振り返るため（自分のこと・友達との学び）
　　　　　　　→記録する→次の時間につかうと意味がある

　この目的意識を共有しておくと、書くことに時間をかけすぎずに、授業を展開できるようになります。ワークシートは、書くこと、枠を埋めることが目的なのではありません。

授業のはじめで書くワークシート

　例えば、「あなたにとって、友達ってどんな人？」と、発問したとしましょう。

　「急に言われてパッと思いつく人もいるし、思いつかない人もいるから、1分くらいでメモしながら考えてごらん」という感じです。その後、どんなことを書いたか、ペア交流するといいでしょう。「友達の話を聞いて、あ、それもあるな！といただくときは、赤えんぴつなどで書いておくといいよ。」と伝えると、子どもたちは安心できますし、ペアで話す目的も生まれます。

　こういうシーンで、指名したときに、「まだ書き終わっていません」という子いませんか？書き終わってなくてもいいのです。なぜなら、あくまで考えるためのメモなので、書き終わることが目的ではないからです。自分が分かるように短時間で簡潔にメモできるということも大切な能力なので、キーワードで箇条書きにしたり、文字だけではなく「矢印」や「囲み線」を使いながらメモしたりすることも教えていくとよいでしょう。

　ここで伝えておきたいことは、「後で見返したときに『これどういう意味だろう？』と自分でわからなくなると、メモの意味がないからね。」と自分の学びのため書くということです。

　このシーンのワークシートは、前もって書いておくこともできます。紙のワークシートを前日に配布して、次時の予告をして考えておいて授業に臨む

という工夫です。学習の構えをつくっておくという習慣をつけるのもよいかもしれません。

　ただし、副作用もあります。家の人と一緒に取り組んだり、家の人がチェックしたりするという習慣がある子にとって「こう書いておいた方がいいかなぁ。」というバイアスがかかる可能性があるということです。教室での心理的安全性をどれだけ確保しようとしても、家庭の状況はバラバラです。どれだけ教師が頑張って「いつも通りでいいよ」といっても、参観日や研究授業の時の様子がいつもとちょっと変わってしまうのも、こういうバイアスがあるためなのです。

　子どもが自分の思いを素直にだせるような環境をつくっておくという意味では、安易に家庭で書かせるのではなく、自分の考えを短時間でメモできるようにすることを積み重ねていくことが大事なのかもしれません。

　なお、1人1台端末を活用して、アンケート機能で収集するという方法もあります。これは、クラス全体の傾向をつかむという時には役立ちます。なお、匿名で収集すると個々の変容はつかみにくいということにも注意が必要です。個人を特定できるようなアンケートにしておき、必要に応じて子ども自身が自分で書いたことを参照できると、1人1人が自分の学びに活かすことができます。

　単に、アンケートをして共有することだけが目的にならないように、注意は必要です。

授業の中心（問い）で書くワークシート

　授業の中心場面で大事にしたいのは、「考え、議論する」ことです。ここで気を付けたいことは、「書くのに時間がかかり、十分に議論できなかった」ということにならないようにということです。これは本末転倒なのですが、私も失敗していました。

　「一人で考える→みんなで議論する」

　というイメージを抜け出すと、この時間配分を変えていくことができます。

　「議論するために自分の考えを整理する→友達と議論しながら自分でさらに考えていく」

というイメージでは、どうでしょうか。

　友達と議論しながら、子どもたちは自分の考えを確かなものにしていきます。すると、最初に書いたワークシートはすでに過去のものになり、子どもの考えが表れているとは限らなくなるのです。逆に言えば、ワークシートに書いたことから何も変化しないのであれば、議論の意味は全くないのかもしれません。ここでいう変化は、A→Bでなくても、A→A´というようなちょっとした変化も含みます。

　T：「きょうは、この問いについてみんなで考えてみましょう。まず、自分なりに今の考えをワークシートにメモして、旅の準備をしましょう。」
　C：「先生、メモできたら旅に出てもいいんですか？」
　T：「うん、もちろんいいですよ。問いについて、とりあえず自分の考え整理できた子から旅に出てごらん。新たな発見があって、さらにワークシートをかけるかもね。」
　C：旅に出ている子同士で、意見交流

　このように、ワークシートを活用します。すると、一人だけで考える時間をかけすぎずに議論しながら考える時間を多くとることができるようになっていきます。

　書けた子から旅に出ていきますので、書くことに時間をかけている子が座席に残っています。そういう子に個別支援をしていきましょう。問いを理解していなくて、何を書いていいかわからないという子もいますし、声に出させることで筆が進む子もいます。「今は、みんなで〜（問い）について考えているけど、○○さんはどう考える？」と声をかけてみましょう。それでも、うまく言葉にできないときは、「先生なら〜だと思うなぁ。でも、正直〜だけどね。」と自分の心を開いて人としての弱さを本音として語ってみせるのです。さらに、「なにか正しいことを言わなきゃっていう答え探しをしなくてもいいから、自分は今はこう思うなあというメモでいいよ。きっと、友達と話していくと、考えもまた変わってくるから。」といように、話しているうちにさらにメモを追記していけばよいこと、今全部埋めようとしなくても大丈夫ということを伝え、あくまで議論の準備（旅の準備）であることを意識させるとよいでしょう。

なお、旅については、次ページで詳しくご紹介します。

授業のおわりで書くワークシート

　授業のおわりに書くワークシートは、授業のはじめや中心で書くメモ的な役割ではなく、自分の学びの記録という側面が強くなります。そのため、この時間はしっかり確保することが重要です。そのため、無理に短時間で急いで書かせるのではなく、自分の生き方を考える時間は十分に取りたいところです。なお、学級の実態や授業の進行状況に応じて、別の時間や家庭で書くということも一つの方法です。

　なお、振り返りについては、71 ページも参考にしてください。

自分コーナーのルーブリック例

> Ｓ：Ａ＋さらにまず第一歩どんなことからスタートできそうかを考えることができる。
> Ａ：今までの自分とこれからの自分について、今日の学習をつなげてふりかえることができる。
> Ｂ：いままでの自分と今日の学習をつなげてふりかえることができる。

友達コーナーのルーブリック例

> Ｓ：自分の新たな発見、自分の考えに変化のもとになった友達の意見
> Ａ：なるほど！と思った友達の意見
> Ｂ：自分と同じ友達の意見

　このルーブリックの例から分かるように、振り返りは「教材や登場人物」について書くのではなく、自分のことや自分の本時の学びについて書くことを学び方として教えていきましょう。

　なお、次の時間に「前の時間はどんなことを学んだか、振り返りを見直して思い出してごらん」と活用する体験をさせていきましょう。ゲームで言えば、セーブとロードです。同じ内容項目の学習の際には、「同じようなテーマでまえにも学習したけど、どのお話か分かるかな？」と質問して、「目次や巻末」を活用して前の学習の振り返りを生かせるような力を子どもたちが

身に付けられるようにしていくとよいでしょう。

学びの旅で対話を生む

「旅」に出よう。新たな発見がそこには待っている。

　議論する＝学級全体というイメージをお持ちの方も多いと思います。もちろん全体での議論はもちろん大切ですが、大人数では限界があります。そこで、ペアや小グループの議論も組み合わせながら、子どもたちが多様な考えに触れることができるようにすることが大切です。

　授業の中心となる場面で、ワークシートに考えを整理できた子から、旅に出ます。この仕組みは、次のようなやり取りでスタートさせるとよいでしょう。

　多くの子がワークシートを書き終えた状態で、ちょっと時間をもらって話し始めます。

> Ｔ：みんな旅は好き？
> Ｃ：うん！　このまえ、〜に行ってきた！
> Ｔ：いいねー。どうして旅がすきなの？
> Ｃ：行きたいところに行ける！美味しいが食べれる！楽しいから！
> Ｔ：なるほど、道徳でも旅にいけるんだけど、どお？
> Ｃ：え、どっか行けるの？？
> Ｔ：教室から出ていかれても困っちゃうんだけど、新しい発見があるかもしれない旅です。ワークシートを書き終えた人から、旅に出て、友達と出会ったら考えを紹介しあってごらん。そして、いいね！とか、なるほど！とか、相手のワークシートに一言お礼の言葉と自分のサインをしましょう。そして、次の旅先へ出発します。
> この時のポイントは、ワークシートを交換するのではなく、メモを見ながら自分の言葉で語ることです。きっと、友達と話しているうちに、考えも変わってきます。ワークシートを読むと、せっかく変わって成長してきている考えを言えないから、必ず、相手に話して伝えるようにしましょう。

このように、目的を伝えながら活動を始めます。もしも、書き終わった同士で意見を交流してきましょう。と言う指示だけであれば、子どもたちは受け身の活動をすることになります。ですが、こうして旅に出るようになると主体的に活動できるようになっていきます。

　どうしてもはじめのうちは仲の良い子同士になりがちですが、「いつもあまり話したことない人とも話してみると、新しい発見があるかもよ。」と促してみましょう。多くの考えにふれながら、「同じ意見の人がいたなぁ」とか「そういう考えもあるんだなぁ」といろいろな旅の思い出を作ることができるようにして声をかけていきます。

　次の道徳の時間のワークシートを書く際には、「先生！これ書き終えたら、また旅に出ていいんですか？」と聞いてくる子が出てきます。「もちろん、できるだけたくさんの出会いがあるように、旅の準備は早めに済ませましょう。自分で語れるだいたいのメモができたら旅に出発していいですよ。」とワークシートにばかり時間をかけないことも同時に伝えていくと、意見交流の時間を増やしていくことができるでしょう。

　また、交流の質を高めていくために、「せっかく友達の話を聞いたんだから、聞き方ルーブリックを生かして、反応できるといいね」と発表しあうだけではなく、語り合うことができるように子どもの学習状況を見ながら促していくとよいでしょう。

「お土産話」を交換しよう

　全員がワークシートにメモをして、何人かと交流できた段階で、「今の旅先で最後にして、席に戻りましょう。戻った人は、隣の人と誰と話したか、どんな発見があったか旅のお土産交換をして待っていてください。」と、学びをシェアするように促します。

　これが、全体交流につながる布石となります。

　全員が席に戻った状態で「みんなのお土産話を聞きたいのだけど、紹介したい意見を教えてくれる人はいますか？」「もちろん、自分の考えを言いたい！という人もいいですよ。」と全体での議論をスタートさせていきます。

　全体での発言が苦手な子でも、推薦されると口火を切りやすくなります。

もちろん、ここでも、聞き方ルーブリックを生かして、反応を促します。こうした一つ一つが、考え議論することができるクラスづくりでは大切になってきます。

　また、どうしても本人が緊張してしまうというような場合には、推薦した子に「じゃあ、どんな意見だったのか、代わりに紹介してもらえるかな？」と配慮をしながら授業を展開するのもいいでしょう。

旅の経験が、全体での議論を盛り上げる

　発表が苦手な子の多くは、意見を表す成功体験が不足しています。「発表したら…」と不安なのです。「なるほどねー。」「いいねー。」と認められたり、「僕とは違うなぁ」言われても、多くの人と名蓮中で多様な考えがあってもいいんだということを知ったりすることで、心理的安全性を感じられるようにしていきます。

　最初は、なかなか旅でも話せなかった子も、だんだん話せるようになりますし、こうした自信が全体の場でも生かされるようになるのです。

　うちのクラスは発表ができないというのを卒業するための一つの例をご紹介しました。道徳だけでそういうクラスを作るのはもちろん難しく、いろいろな教科で育てていくことが求められるのはいうまでもありません。ですが、道徳は「いわゆる正解がない」という多様性の良さが教科の特性が発表のしやすいさにもつながっていきます。学び方を教えながら、子どもたちの学ぶ力を育っていきましょう。

　その成長こそ、「道徳科の評価」につながっていくのです。

授業のねらい

授業のねらいってどう決める？

　授業のねらいを意識することが大事。これは、まったくの正論です。では、そもそも論ですが、それはどのように誰が決めるのでしょうか。もちろん、教師が決めますね。その時に、「この教材だから」と決めているのか「この子どもたちは今こうだから」と決めているのか、もしくはその両方の視点か

らなのか、一体どのように決められているのでしょうか。

　そのあたりの基本を、できるだけ簡単に問い直してみましょう。なお、31ページでも、授業のねらいについて触れていますので、ご確認ください。

ねらいであって、目標ではない。

　他の教科では、本時の目標と示されています。それは、達成基準（評価基準）があるからです。道徳科においては、そういった目標準拠評価ではなく、子どもの個人内評価をしていきます。ですから、ゴールラインがあるわけではなく、ゴールの方向性だけがあるわけです。それがねらいとして示されることになります。なんでもありということではありませんので、授業のねらい（方向性）について、その子がどれだけ伸びたのかということを教師は把握しようとすることが大切です。それは、子どもを評価するためというよりは、その内容項目の次の指導をどうするかを考えるためです。同じ内容項目で複数時間の指導があったり、次の学年でも同じ内容項目についての指導を積み重ねていったりするわけですので、そのためにどういうことを考えているのかを把握するということになります。

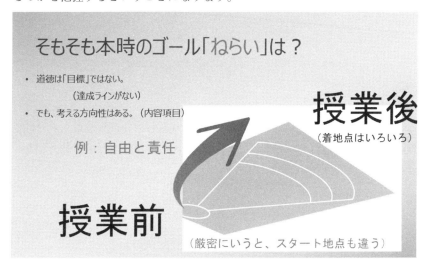

内容項目×道徳的心情・道徳的判断力・道徳的実践意欲と態度

　道徳のねらいは、「内容項目」と「道徳性の諸様相」で構成して設定します。

例えば、今日は「親切」について考える授業をしよう。というだけでは、具体性に欠けてしまいます。そこで、もう少し具体的に考えてみましょう。というようなイメージです。

内容項目と教材の関係

内容項目は、小学校低中高学年・中学校の４段階で学習指導要領に示されています。それぞれの内容項目に、１つもしくは複数の教材が準備されています。

Ｃでは、「相互理解・寛容」という内容項目があります。小学校では、

中学年	自分の考えや意見を相手に伝えるとともに，相手のことを理解し，自分と異なる意見も大切にすること
高学年	自分の考えや意見を相手に伝えるとともに，謙虚な心をもち，広い心で自分と異なる意見や立場を尊重すること

（下線は、著者）

これを見てわかる通り、中学年では「相互理解」を中心に、それを生かして高学年では「相互理解・寛容」について考えていくことになるわけです。

このように、内容項目は、内容を端的に表した言葉（キーワード）だけではなく、内容項目の本文に着目することが必要です。

忙しい先生たちにとって一番身近なのは、「教科書の目次や巻末の教材一覧」です。例えば、光村図書１年生Ａ（1）善悪の判断，自律，自由と責任の教材は２つあります。

【よいこと と わるいこと】5 よいこと と わるいこと
【ただしいこと は すすんで】16 やめなさいよ

ここで気を付けたいのは、「１つの教材」＝「その内容項目のすべてのキーワード」ではないということです。この例で言えば、これらは「善悪の判断」の教材となります。自律や自由と責任については、扱いません。

低学年	よいことと悪いこととの区別をし，よいと思うことを進んで行うこと。
中学年	正しいと判断したことは，自信をもって行うこと。
高学年	自由を大切にし，自律的に判断し，責任のある行動をすること

　学習指導要領の表記としては、自律、自由と責任は高学年のキーワードと考えることができるのです。

　この他にも、「思いやり、親切」となっている教材は、「思いやり」について考えやすい教材の時もあれば、「親切」について考えやすい時もあります。もしくは、その両方の関係を考えやすいという時もあるということもあるのです。

　授業づくりをしていく中でこのキーワードに囚われすぎることがあるので、そこは留意したい点です。

道徳的判断力、道徳的心情、道徳的実践意欲と態度　の考え方

　これら3つは道徳性の諸様相は、学習指導要領では、次のように示されています。

　道徳性とは，人間としてよりよく生きようとする人格的特性であり，道徳教育は道徳性を構成する諸様相である道徳的判断力，道徳的心情，道徳的実践意欲と態度を養うことを求めている。

（中略）

　これらの道徳性の諸様相には，特に序列や段階があるということではない。一人一人の児童が道徳的価値を自覚し，自己の生き方についての考えを深め，日常生活や今後出会うであろう様々な場面，状況において，道徳的価値を実現するための適切な行為を主体的に選択し，実践することができるような内面的資質を意味している。

　道徳性を構成しているのは、「道徳的判断力、道徳的心情、道徳的実践意欲と態度」であり、「内面的な資質である」ということです。道徳性を養うことが道徳科の目的なので、このどこに着目して授業を展開していくのかを

明確に意識することが大切になってきます。

　教師向けの言葉で説明されている書籍はほかにもいろいろありますので、今回は子どもたちの言葉で考えてみましょう。

　規則の尊重での一例

道徳的判断力	・きまりを守らなきゃいけないのはわかっているけど、ついつい迷っちゃったり、できないときがあるんだよね。そんなとき、どうやったらよい判断ができるようになるのかな。
道徳的心情	・きまりは大事って、みんないうけど。なんで？決まりなんかないほうがいいじゃん。なんで大事なんだろ。
道徳的実践意欲や態度	・きまりの意味は分かった。でも、あるだけじゃ意味がないんだよね。どうやったら自分は守り続けることができるのかなぁ。そして、みんなも守れるようになるのかなぁ。

　これら諸様相のどれが、今の子どもたちにとって必然なのか、それを子ども自身が考えていくことも大切なわけです。

　例えば、きまりをまもっていくということについては、次のようにいろいろな子どもたちが学級の中にいるわけです。

Ａさん　きまりを破ったら怒られるし、ばれないように気を付けよう。

　　　　→きまりを守る意味が分かれば、まもれるようになるかも

　　　　→「きまりを守るって、やっぱり大事だなぁ」

Ｂさん　きまりを守ろうとするけど、できないときもあるし、ばれなきゃいいよね。

　　　　→きまりを破ったら、どんなに困るのかが分かれば、まもれるようになるかも

　　　　→「いままできまりを守ってきたことは、価値があることなんだなぁ。」

Ｃさん　みんなも守ってないんだから、わたしだっていいよね。

→ついきまりをやぶってしまいたくなる自分のきもちがわかれば、弱さを乗り越えて、まもれるようになるかも

→「これからは周りに流されずに、きまりを守っていきたいなぁ」

「規則の尊重」という窓口で見たときに、先生方の目の前のクラスの子どもたちは、どのように見えてきますか？学級によっては、Ａさんのような子が多くて、きまりを押し付けられていて、思考停止状態だから、そもそもきまりの意味を分かっていないんだよな。という場合もあるかもしれませんね。もしくは、Ｃさんのような子が多くて、決まりの意味は分かるんだけど、流されてしまうという子が多いのかもしれません。

　児童の実態に応じるというのは、こうした子どもの状況によって、授業のアプローチを変えるという意味です。

　「判断力、心情、実践意欲と態度」は、それぞれが別々ではなく関連しあっています。「人間としてどのように対処することが求められるのか」という「道徳的判断力」の視点からアプローチするときもあれば、「人間としてのよりよい生き方や善を志向する」という「道徳的心情」という視点からアプローチする場合もある。また、人間的な弱さに負けず「道徳的判断力や道徳的心情」によって価値があると思う行動をとろうとする「道徳的実践意欲と態度」というアプローチをする授業も考えられるわけです。

児童の実態も考慮しながら系統性を意識する

　「規則の尊重」の学習は、6年間で何時間あるのでしょうか。そもそも、自分が教える学年では、何回ありますか？

　1つの教材を大事にすることを意識するあまり、教材のつながりをあまり気にしていない場合もあります。

　他教科でもそうですが系統性（教材のつながり）を意識することも大切にしましょう。それが見やすく整理されているのが、目次や教科書巻末の教材一覧です。6年間を見通すには、教科書会社の各種資料を参考にするとよいでしょう。光村図書の教材を例示してみます。

C「規則の尊重」の小学校6年間の教材【光村図書HP　年間指導計画より一部抜粋】

1年	9 どうして　こうなるのかな	きまりや約束を守り，みんなが使う場所や物を大切にしようとする<u>実践意欲と態度</u>を育てる。
	32 みんなが　つかう　ばしょだから	約束やきまりを守り，みんなが気持ちよく安心して過ごせるようにしようとする<u>判断力</u>を育てる。
2年	3 どうしてきまりが　あるのかな	きまりはどうして守らなければならないかについて考えさせ，きまりをしっかりと守ろうとする<u>実践意欲と態度</u>を育てる。
	17 黄色いベンチ	みんなが使う物を大切にしようとする<u>実践意欲と態度</u>を育てる。
3年	14 きまりのない国	きまりの意義を理解し，きまりを守って行動しようとする<u>心情</u>を育てる。
	22 かるた遊び	集団のためによりよい約束やきまりを考えていこうとする<u>実践意欲と態度</u>を育てる。
4年	12 このままにしていたら	社会のきまりの意義を理解したうえで，それらを守ろうとする<u>実践意欲や態度</u>を育てる。
	23 雨のバスていりゅう所で	約束や社会のきまりの意義を理解し，それらを守ろうと する<u>実践意欲と態度</u>を育てる。
5年	6 公園のきまりを作ろう	きまりの意義を理解したうえで，それを進んで守っていこうとする<u>実践意欲と態度</u>を育てる。
	28 お客さま	互いの権利を尊重し合い，必要なきまりを進んで守ろうとする<u>実践意欲と態度</u>を育てる。
6年	13 世界人権宣言から学ぼう	他者の権利を尊重し，自分の権利を正しく主張して，互いの権利を大切にしようとする<u>実践意欲と態度</u>を育てる。
	20 ここを走れば	法やきまりを支えているのは，人々のどんな考えかについて考えさせ，法やきまりの意義を理解したうえで，進んで守ろうとする<u>心情</u>を育てる。

　これは、年間指導計画上の教材配列とねらいとする諸様相（アプローチ）を抜粋したものです。教材の配列を意識した上で、子どもの実態に応じて、道徳性を養うアプローチを変えていくことも大切な視点となります。

　道徳的心情を先に育てなければならないとか、実践意欲と態度を多くしな

ければならないとかということではありません。順番や数の問題ではなく、あくまで子どもの道徳性を育てるために着目するアプローチの違いであることを意識して授業をつくっていきましょう。

ねらいによるアプローチの違い

　内容項目×諸様相でねらいを明確にしながら授業をしていくということは、例えば次のようなアプローチの違いとして整理するもできます。

道徳的判断力	主に主人公の行為選択に着目し、その判断の良さ（悪さ）について考えていく。自分ならどうするかという選択をする活動を通して、理由を含めて考えることもできる。
道徳的心情	主に主人公を共感的に理解し、その心情の良さについて考えていく。
道徳的実践意欲と態度	主にこれから自分がどうありたいかについて考えていく。

　文部科学省の読み物資料「はしのうえのおおかみ」では、次のような授業を構想することができます。

道徳的判断力	・おおかみさんは、このつぎに、はしのうえでうさぎさんにあったら、どうすると思うかな？ ・おおかみさんは、いじわるをしたりやさしくしたりして、いい気持ちでいるけど、どちらがいいのかな。
道徳的心情	・いじわるをしていたおおかみさんが、くまさんに抱っこされてから、やさしいことをするようになったのはどうしてかな？
道徳的実践意欲と態度	・おおかみさんは、いじわるもいい気持ちだけど、やさしくしたらもっといい気持ちだと気づいたんだね。みんなだったら、この後どうしていくかな？

　事前に、こういう発問を考えておくことで、子どもたちの学びをより充実させようとすることは重要です。一方で、それを前面に出し過ぎることがないようにしましょう。資料を読み、山場の確認をしながら、教材の概要やポイントを子どもたちと確認していく中で、子どもの思いを大切にしながら、問いを生み出し、発問をしていきます。

　実践意欲と態度を育てることをねらいにした授業で、子どもが「本当は親

切にしたいと思うけど、もしかしたら、またいじわるもしたくなっちゃうかもしれない。だって、いじわるも楽しいから。」ということを言うかもしれません。とても正直に自分の気持ちを表現できていますね。

　ここに、この子の道徳的価値の理解を感じられるのです。「親切にした方がいい」でも、「実現できないときがあるかも」という理解です。自分の心の弱さを見つめながら、よりよく生きようとすることを考えています。このように、教材について考えるときに自分とつなげて考えることがとても大切になります。こうした学びの姿（学習状況）を継続的に見ていくことが、道徳科の評価として通知表や指導要録の所見につながっていくのです。

　次の項では、「学びをつなげる」をキーワードにさらに授業づくりについて考えてみましょう。

学びをつなげる

道徳科は道徳教育の「要^{かなめ}」

　道徳教育の全体計画や年間指導計画をよく見たことはありますか？カリキュラム・マネジメントが求められていて…。と言われると、どうにも難しい気がしてきます。

　道徳教育推進教師を中心にこれを整備していくことが大切ですが、一担任として大事にしていただきたいことをお伝えしたいと思います。

キーワードは「つなげる」

　道徳科は、日々の生活や自分の経験などと結びつけながら考えることで、机上の空間や建前だけではなく、より本音を出しながら学ぶことができます。

　そこで、子どもたちには、「つなげる」を大事に道徳の学習をしていくことを伝えていきましょう。私が伝えてきたのは「生活とつなげる」「友達とつなげる」「自分とつなげる」の３つです。コンピテンシーベースの道徳の指導として、大切にしていただきたいことです。

> # 道徳の学び方　「つなげる」
>
> ## 生活 (学校・家庭・地域) とつなげる
>
> ## 友達とつなげる
>
> ## 自分とつなげる

生活とつなげる

　生活というのは、日々の学校生活（行事や他教科）、家庭生活、地域での生活も含みます。このつながりは、教材への導入のときに意識することが多いです。学年の段階によっては、「学習や行事とつなげる」「家庭や地域での生活とつなげる」というように分けて示してもよいかもしれません。

　授業の途中で「先生！この前の道徳でやった○○でも言ったんだけど…」と、これまでの道徳科でつなげて考える子も出てきます。そういう時に、「つなげて考えられているね！」と価値づけることで、子どもたちはつながりを意識できるようになっていきます。

　見えていない線が見えるようになってくるのです。そうすることで、「運動会の時に…」とか「掃除の時に…」というように、日常の生活とも結びつけながら、本時の教材について考えることができるようになってくるのです。

　道徳科では、自我関与が大切と言われますが、それをどう実現するかイメージできない方も多いのではないでしょうか。私は、教材を机上の空論とせず、リアルな自分の生活とつなげることがその方法だと考えます。「自分なら？」と問われなくても、自ら「自分だったらどうかな…」「似たようなことはなかったかな…」とつなげて考えることができるように子どもを育てて

いきたいのです。これも、コンピテンシーベースの道徳の指導の一つという わけです。

　なお、道徳科を日常に活かすという取り組みも有効です。よくあるのは、 「きらきらの木」のような形で、掲示物を生かして友達の良さを見つけあう 活動につなげていくような事例です。

　また、学期始めや学期末の自己評価に「内容項目」を生かすという取り組 みもできます。学習や生活という漠然とした目標を立てたり、その目標につ いて自己評価したりするよりもずっと明確な視点で自分を振り返ることがで きます。(P.22 参照)

　また、運動会や学芸会（学習発表会）などの行事の際に、どのない内容項目 の心を大事にしていきたいか。という目標の立て方もあります。これは、そ の子らしさが出る部分です。

　目標をもってあきらめない心を大事にしたい、友達と協力できる心を増や したい。クラスのために自分の役割をしっかり果たしたい。というように行 事に、道徳科の学びを生かすのです。

　カリキュラム・マネジメントというと、「行事・他教科等→道徳科」とい うイメージをお持ちの方が多いように思いますが、「道徳科→行事・他教科 等」というつながり方も大事にしたいところです。

　こうしたつながりを意識することで「道徳の目」がよくなります。

　「先生！○○くんが、転んだ１年生を保健室に連れて行ってました。」とい う報告があったときに「それは、素晴らしいね。君にはどんな心が見えた？」 と尋ねます。「思いやりの心かな。でも、上の学年の役割を果たしているか も」というような答えをできるようになっていくのです。その子の行動のよ さを多面的多角的にみられるようになってくるのです。

　こういう日々の生活に道徳科が生きてくることが「全教育活動での道徳教 育」なのだと思います。日々説教・日々指導が日々道徳というような誤解も ありますが、そうではないことは言うまでもありません。

友達とつなげる

　これは、ここまでお話ししてきたように友達との対話を大事にしていくと いうことです。話す・聞くルーブリックや、ふりかえりの友達コーナーを意

識して指導していくことで、子どもたちは「友達とつなげる」道徳の学びができるようになっていきます。なお、子どもたちが「友達にあわせる」と勘違いすることがないように、十分に留意する必要があります。「みんながそういっているから、僕もそう思う。」ということではないということです。

逆に、友達が何と言おうと俺はこう思う。という頑固な学び方も、友達とつながってはいません。

お互いの考えの良さを認め合いながらも、自分はこう思うという学びを大切にしてほしいということを明確に伝えておくことが重要です。

自分とつなげる

「生活とつなげる」と似ている部分ですが、「いままでの自分」と「これからの自分（なりたい自分）」とつなげることだと説明するようにしています。

道徳の学びで一番残念なのは、「教科書ではこう言っているけど、自分には無理」「みんな先生の前ではそういっているけど、実際はちがう」というような、絵に描いた餅のような学習です。きれいごとを並べていて、とてもまとまっているような研究授業の気持ちの悪さはここに原因があります。

これを防ぐためには、「自分とつなげる」ことが大切です。なりたい自分にどう近づきたいのか、今は無理かもだけど、そういう生き方をしていきたい。という憧れや目標をもてるような学びです。

こうした学び方もルーブリックをいかすことで、だんだんとできるようになっていきます。

「今までの自分は、だめでした…」という懺悔だけにとどまると、とても暗い道徳科になってしまいます。そうではなく、過去をしっかり受け止められたことが素晴らしく、そこに気付いたからこそ、改善していけるとその子を認めていきたいですね。自己を見つめることから未来志向の道徳科が始まります。

反対に、過去のことを顧みず、「これからは〜を大事にしていきたいです」という聞こえのいい文には、気を付けたいところです。こういう子には、「どうしてそう思ったの？」「今までに、そう思うようなエピソードはあった？」というような質問を投げかけて、その子が自己を見つめることができるように促していくことも教師の大事な役目かもしれません。

第五章

道徳科　指導と評価

支援システムの活用

システムのトリセツ

　コンピテンシーベースの道徳科授業づくりをするときに活用していただきたいものが「指導と評価支援システム」です。

　このシステムは、エクセルが使える環境であれば、どこの学校でも使うことができます。そして、エクセルの知識がなくても簡単に使えるようになっています。

○ 活用イメージ

4月の学年 スタート時	目指す姿を話し合って修正
毎週の学年 打ち合わせ	翌週の道徳の時間の研修 → 必要に応じて修正 「何を学ぶか」「どのように学ぶか」
授業後	その子のよかったところを記録
期末・学年末	授業の記録をもとに、所見文例を自動生成

(1) 4月の学年スタート時

エクセルは「名簿管理」「目指す姿」「期末評価」など8つのシートに分けています。シートとは、操作画面の下にあるタブで切り替えられます。

年度当初にすることは3つです。

① 名簿を入力

担当学年が決まったら「名簿管理」で児童の氏名を入れます（コピペ可）。ここを変更すると、システム内で連動して、全てのシートの該当箇所に名前が自動的に入力されます。

② 目指す姿を話し合う（学年での共通理解・近隣学年との調整）

次に目指す姿を開きます。ここにはデフォルトで、道徳科で目指す姿ブロック別に記入しています。文例や項目は、児童の実態や学校教育目標などに合わせて適宜変更していくとよいでしょう。通知表の文例のほか指導要録用の文例を入れておくスペースも作成しています。

道徳科で目指す姿（成長した姿）					
				ここを修正すると、すべての文例を一度に修正することが可能です。 学年研修で検討したり、道徳推進担当や教務主任で検討したりして設定します。 ※目指す姿は、初期設定は「算学年で共通」となっていますので、各学校の児童の実態に応じて、適宜変更をしてください。	
学年・観点	No	目指す姿・通知表所見文例（前半）	文字数	指導要録 所見文例	文字数
一面的な見方から多面的な見方へ	1話をよく聞いて	友達の思いや考えにしっかりと耳を傾けながら、考えていました。	30	友達の思いや考えにしっかりと耳を傾けながら学習していた。いろいろな考えを聞きながら考えを深め、これからの自分について深く考える姿が見られた。	70
	2自分を重ね	教材の主人公に自分の思いを重ねながら、新しい見方や考え方に気付く姿が見られました。	41	教材の主人公に自分の思いを重ねながら学習していた。友達と話し合う中で、新しい見方や考え方に気付き、道徳的価値について深く考える姿が見られた。	70
	3意見に共感	自分が感じたことを素直に発言したり、友達の意見に共感しながら考えることができました。	42	自分が感じたことを素直に発言したり、友達の意見に共感したりしながら学習し、道徳的価値について深く考える姿が見られた。	58
	4似ているか	自分の考えと似ているかどうかを意識しながら友達と対話し、新たな見方に気付く姿が見られました。	46	自分の考えと似ているかどうかを意識しながら友達と対話することを通して、新たな見方に気付き、道徳的価値について、多面的多角的に考える姿が見られた。	72
	5いろいろな見方	主人公の心について、友達と対話することを通して、いろいろな見方があることに気がつきました。	45	主人公の心について友達と対話することを通して、いろいろな見方があることに気付き、道徳的価値について深く考える姿が見られた。	61
	6		0		0
	7生活を振り返って	毎時間の学習で、これまでの自分の生活を振り返りながら、考えていました。	35	◯◯の教材において、教材の中の場面や問題について、これまでの自分の生活と結びつけて、具体的に振り返りながら学習し、自己を見つめる姿が見られた。	70
	8経験と重ね	教材の登場人物に共感し、自分の経験と重ねながら考えていました。	31	教材の登場人物に共感し、自分の経験と重ねながら学習していた。自己を見つめ、生き方について考えを高めている様子が見られた。	60

名簿管理　目指す姿　授業づくり　日常評価　日常評価 (2)　期末評価　文末リスト　顕著な教材リスト　＋

③ 道徳科の教材を設定する

　授業づくりシートに各教科書会社の年間指導計画を参考に道徳の 35 時間分の教科書教材を打ち込み、それぞれ何の内容項目で、何を重点的に指導するかを記しておきます。

　各自治体の指導資料、地域教材、NHK for School などの動画教材、学校独自の教材等も位置づけることもできます。

　年間指導計画は、基本的に年度当初に意図的計画的に策定されますが、児童の実態に応じた計画変更もあり得ます。その際は、学年でそろえることやその学校内の手続きとして、適切に行うことが重要です。

　安易な思い付きで変更するのではなく、「何を学ぶか」「どのように学ぶか」ということ意識して、授業づくりシートで計画していきましょう。

【入力の仕方】

　特に「教材名」の学習では、～について　というテンプレートに従って入力をしておくと、学期末の評価文例に反映することができます。

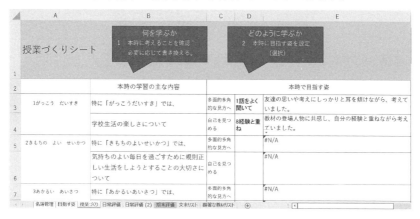

⑵ 学年研修時（学年打ち合わせ時）

　週案を検討し、次週の道徳科の指導について打ち合わせをするときに、このシステムを開いておきます。打ち合わせることは次の２点です。単級のときは、ブロックの先生と一緒にやっていくことをおすすめします。

① 何を学ぶか

　授業づくりシートに「教材名」「本時の主な内容」をいれます。どんな内容を中心に指導するのかを学年で共通させておくとよいでしょう。学級によって、子どもの声は違うでしょうが、切り返しをしながら中心として扱う内容は、教師間で共有しておくことが望ましいと考えられます。

② どのように学ぶか

　授業づくりシートに「どのように学ぶか」を入力します。これは、目指す姿リストと連動しています。授業の中で、どのような姿を引き出そうとするのかを学年で考えるとよいでしょう。そのための手立ても考えます。道徳の打ち合わせが焦点化でき、短時間で効率的に進めることができます。

💡 ワンポイントアドバイス

何を教えるか

　道徳の教科書の目次や最後のページには、教材の一覧表があります。同じ内容項目の教材の前後を意識してみましょう。そして、それぞれ、どんな役割分担をすればよいのかを考えてみてください。例えば、2つの教材があった場合、1つ目の教材はこれを重点に、2つ目はこれを重点にと、指導の重点を考えるという方法もあります。しかし、これを突き詰めると、教師主導型の授業になりがちです。そこで、1つ目は、子どもにできるだけ預けてみるという方法もあります。これは、子ども任せという意味ではなく、あくまでも教師のファシリテートの中で、子どもとともに問いを作るということです。1人1人の問いを生み出し、クラスとしての問いを作っていく授業にチャレンジすることもできるのです。

　教科書の教材は、とても分かりやすく書かれていますので、それほど違うテーマについて問いができるわけではありません。また、一見違うように見えていても、子どもにとっては強く関連していると間映えている場合もあります。逆に、その内容項目では最後という教材を指導するときには、「指導内容」の十分な吟味が必要です。何か指導できていないことはないか、教材はやったけど、指導内容がいわゆる「未履修」にならないか。という意識です。

　低中高学年ごとに内容が示されていますので、その2年間で、いくつの教材でどんなことを子どもと考えるのか。という意識で、この教材では！という「点」ではなく、前はこういう教材で、この後は、こういう教材があるから…という「線」で、本時の重点を考えることを大切にしたいですね。

　教材によって「自己を見つめやすい」「多面的多角的に考えやすい」などの特性があります。この教材では、「こういう姿を期待できそう（引き出せそう）」というものを意識することが大切です。授業づくりの時に、こういう姿を大事にしようと意識することで、授業内でもそういった姿を価値づけ、認め励ます評価ができるのです。

　授業づくりシートで目指した姿が見られたか、授業に振り返ってみましょう。そして、日常評価シート⑴や⑵に特に目立った姿などを記載しておきます。このメモが最終的には期末評価の際の素材になります。

　このように、毎時間の自分の指導を振り返ることで、どのような姿が見られたか、次はどのような姿を目指していきたいのかを意識できるようになります。この営みが「指導と評価の一体化」です。これにより、系統的な授業づくりが可能となります。

	A	B	C	D	E	F	G	H	I	J	K	L	M	N	O	P	Q	R	S	T	U	V	W	X
1	日常評価			1	2	3	4	5	6	7	8	9	10	11	12	13	14	15	16	17	18	19	20	21
2	とてもよく見られた姿に	◎	本時で目指す姿 （自動入力）	あ い あ	い い い	0	0	0	0	0	0	0	0	0	0	0	0	0	0	0	0	0	0	0
3	1　夢を実現するためには	多面的多角的な見方へ		0	◎	◎																		
4		自己を見つめる		0	◎	▾																		
5	2　流行おくれ	多面的多角的な見方へ		0	◎																			
6		自己を見つめる		0																				
7	3　あいさつって	多面的多角的な見方へ		0																				
8		自己を見つめる		0																				
9	4　友のしょうぞう画	多面的多角的な見方へ		0																				
10		自己を見つめる		0																				
11	5　わたしは飼育委員	多面的多角的な見方へ		0																				
12		自己を見つめる		0																				
13	6　公園のきまりを作ろう	多面的多角的な見方へ		0																				
14		自己を見つめる		0																				
15	7　すれちがい	多面的多角的な見方へ		0																				
16		自己を見つめる		0																				
17	8　どうすればいいのだろう	多面的多角的な見方へ		0																				
18		自己を見つめる		0																				
19	9　道案内	多面的多角的な見方へ		0																				
20		自己を見つめる		0																				

名簿管理　目指す姿　授業づくり　日常評価　日常評価 (2)　期末評価　文末リスト　顕著な教材リスト　⊕

　日常評価で○印が付く子どもが少ないのならば、手立てを変えたり、更なる指導支援などをしたりするが必要があることになります。目指す姿をどのように引き出すのか、ルーブリックを子どもたちと設定しながら、スモールステップで学び方を教えていくことが大切です。

　このシステムは、そうした意識をもっての指導の積み重ねができ、その指導の成果が、期末の評価文例に反映されるようになっているのです。

　道徳の授業研究では、「ねらいにせまれたか」がとても重要視されます。これは、教師の指導に対する評価の1つです。

　押し付ける、一方的な講義のような授業、一部の児童だけが話すことで授業が進んでいた……という授業は、今時あり得ませんよね。

　この評価と、子どもたちへの道徳科の評価とを混同しないことが大切です。

　道徳科では、「認め励ます評価」が大事とされています。これは、「いいね！」と認めて、「頑張れ！」と励ますという意味ではありません。ひき算の評価ではなく、たし算の評価をという意味です。

　ひき算の評価とは、事前にゴールラインが設定されていて、ゴールまであと○メートルというような評価です。まだ不足している（達成していない）という意識で子どもを見る評価です。

　たし算の評価とは、ゴールの方向性だけが決まっていて、それぞれが○メートル進めたね！というような評価です。その子自身に、どのような成長があったのかという評価です。

　この時に気を付けたいのは、「親切とは〜」で、このことに気付いている人の方がよく理解している。といった評価です。「わかっていてもできない。でも、実現したい」というように生き方を考える「心の教育」を、いわゆる知識理解的な「頭の教育」かのように、評価しないということです。

　人間の道徳性自体を評価すること自体が、1人の人間としての教師ができるのかという問題でもあります。だからこそ、「どのように学ぶか」を大事にして、「自己を見つめ」「物事を（広い視野から）多面的・多角的に考えているのか」という視点で、35時間の学習を積み重ね、たし算の評価をしていくこと大切にしたいのです。

⑷ 期末・学年末

　このシステムで授業づくりを続けて行けば、期末評価の文例の素案をほぼ自動的につくることができます。

　授業づくりシートでねらいを明確にし、各授業での振り返りを記録してきたことで、「このような姿が見られるようになった！」「特に、この教材の時にはそういう姿が顕著に見られた。」ということがデータとして蓄積されるのです。

　そのため、そのデータをもとに、よりクラスの指導の実態に合った所見例文を生成できるようになっています。

　期末になって必死にワークシートを読み込んだり、「あの授業のねらいは何だったかなぁ。」と指導書を再確認したりすることなく、評価業務を進めることができます。

　具体的には、「成長した姿」「顕著だった教材」「結び（文末）」を選択することで、通知表所見と指導要録所見の文例が自動生成されるようになっています。

　それをもとに、最終的には、所見文に「その子らしさ」と「その子の成長を見まもる先生のあたたかな思い」を込めることになります。

　自動生成というと、どこか機械的で、本当に子どもたちに合っているのかという批判もあるかもしれませんが、事前に育てたい姿を明確にして変更できるようになっているため、指導とかけ離れた所見文ができることはありません。

　むしろ、これまでよりも「どのように学ぶか」という意識が明確になることで、説明責任を果たせる記録や所見をつくることができます。また、一般に売られている「所見例文の本」をみて、アレンジするよりも、子ども一人一人により適した文例を生成できます。読者の先生たちのシステムの入力の仕方次第ですが、1学年分で、単純計算で「目指す姿」12個×教材35個×結び5個＝2100通りの所見例文ができます。また、それぞれの文が日々の積み重ねに紐づいているということがその理由です。

　この文例を基に、先生が最後、息を吹き込み、先生にしかできない生きた文例で、子どもたちの一年間の頑張りを、子ども、保護者に分かりやすく伝えるようにアレンジしてください。

　このシステムを、期末だけに使うとどうなるか。を考えてみましょう。

　「何を学ぶか」という学習内容を強く意識していて、「どのように学ぶか」という学び方をそれほど意識して指導してきていない場合、子どもたちの姿が、システムに入力されている「目指す姿」とは一致してきません。

　すると、このシステムでは、子どもたちに適した所見文を生成することはできないので、結局は修正する手間が増えるのです。そういう意味では、評価業務で「単純に楽をして効率的に」という悪用はできないようになっています。

説明責任を果たす、一貫した日々の指導と評価へ

例えば、本システムを使った文例は以下のようになります。

> 友達の思いや考えにしっかりと耳を傾けながら、考えていました。特に「よいこととわるいこと」では、よいと思ったことをするとどんな気持ちになるかについて自分と重ねながら考えていました。(89字)

これを基に、その子どもと先生の関係だからできる「認め、励ます評価」にアレンジして通知表の文例としていただければ幸いです。

この文例からは、「友達の話をしっかり受け止めながら、自分はどうかなぁ」と学ぶ、その子の学習状況を感じることができます。担任の先生は、そうした姿に成長を感じることができたのだろうと思います。

ここまでできて当たり前というゴールラインや引き算の評価ではなく、この子はこういう学び方ができるようになってきているなぁというたし算のあたたかな評価を感じるのです。

例えば、こんなアレンジが考えられます。

自分と重ねながら　考えていました。

　　↓

自分の実体験と結び付けながら　考えていました。
具体的な自分の経験をもとに　自分と結び付けて考えていました。

教師の言葉では「自我関与」をしながら学ぶ姿が見られたということを、保護者にも伝わる言葉で表しましょう。

その学校ならではのシステムへ

　このシステムは、エクセルファイルで作成しています。どこの学校でもシステム内の文を書き換えて先生流、学校流でアレンジできるようにするためです。

　ネット上のサービスとして、自動生成したり、固定された文例から選択したりするのではなく、選択肢の素となる文を書き換えられるようにしてあることが肝となります。これが指導と評価の一体化につながるのです。

　このシステムを学校内で利用していくことで、その学校らしさが年々表れてきます。その学校で大切にしてきた言い回しや表現をシステムに入れていくと、新たに転勤してきた先生方や新任の先生にとっても助かります。

　教材名や指導内容も書き換えることができますので、地域教材やその学校ならではの道徳の教材についても、引き継ぐことができるようにしてあります。

コンテンツベースの道徳から、コンピテンシーベースの道徳科へ

たった一度のまぐれで評価しない

　道徳の評価は、「おおくくり」が大事とされています。たった一度ものすごく活躍したということを評価するのではなく、長い目で見てその子の成長を評価するという意味です。

　また、どれか特定の内容項目だけを取り出して評価することも望ましくありません。これは、体育である種目だけものすごくできたからといって「A」にはならないことと同じです。

　教師は、「友情・信頼」について深く考えていたというような、コンテンツベースの評価をしがちですが、道徳科の評価は、コンピテンシーベースの評価が求められているのです。

本システムには、日常評価をメモしておくシートが用意されています。一人一人が目指す学びの姿にどれだけ近づいているのか、授業で見らえた一人一人のよさを記録することができるようになっています。

忙しい日々ですが、できればその日のうちに、忙しいときには、次の週に向けた学年研修時に、数分でもよいので記録を入力する習慣をつけていくとよいでしょう。

子どもの自己評価をいかす

学期末、もしくは学年末に子どもにワークシート等で自己評価をしてもらい、それを評価に活かすことも一つの方法です。毎時間、子どもの成長を見ていくというのは大前提ではありますが、現実の問題として、多くの子どもの成長をすべて記録したり記憶したりすることには限界があります。学校現場は多忙な状況であり、自分の評価と子どもの思いが一致しているのかという不安もあるでしょう。こういう時に、子ども自身がどう自己の成長を捉えているのかを知り、自分の見方を見直すきっかけにするとよいのです。（次ページ参照）

子どもの自己評価を参考にして、もう一度記録（ワークシートやシステムの記録）を見直してみましょう。子どもの成長を再確認できるかもしれません。

子どもの自己評価と教師の評価が一致しているときもあれば、ズレているときもあります。一致しているときは、その見方は間違っていなかったということになりますし、ズレていたときは、お互いにとって新たな気付きのチャンスです。他にもこういう成長があったよねと、互いの見方をシェアできるとお互いにとってプラスになると思います。こういう一連のやり取りを含めて、「指導と評価の一体化」を図っていくことが、認め励ます評価へとつながっていきます。

道徳学習のふりかえり　　　組　　番〔　　　　　　　　〕

1　一番心に残った道徳の学習は？

教材の名前

その理由

2　一番自分に似ているなぁと思った道徳の学習は？

教材の名前

その理由

3　一番自分に役立つなぁと思った道徳の学習は？

教材の名前

その理由

（ダウンロード可）

　道徳教育推進教師や教務主任、研究主任を中心として、その学校で大切にしたい学び方の共通理解や系統性を設定して、全校的に活用をしていく。そうすることで、毎時間に大切にしたいことを教師は意識することができるようになります。それにより道徳科の指導と評価の一体化を図ることができる

でしょう。

　結果として、授業づくりの効率化、授業の充実、評価業務の効率化を目指してはいかがでしょうか。

　こうして生み出された先生たちのゆとりが、子どもたちのさらなる笑顔につながることを期待しています。

おわりに

　これが本当の働き方改革。

　評価を効率的にしながら、自分の指導も振り返ることができるのは、すごい仕組み。

　道徳の評価をどうすれば…困っていたので助かりました！

　このシステムは、今の学校現場で必要とされているものです。ぜひ、多くの学校で使ってもらいたい。

　このような声をいただいたのが、本書を書き始めたスタートです。

　試作版をモニター利用していただいた先生方の声で、このシステムの有効性を感じたのです。

　「システムを使ってみて、どういう授業をしていけばよいのかが分かった。」「改めてこの教材で何を大事にすればよかったのかを確認できた。」「所見文例集をみて、その場しのぎで所見を書くのとは違う効果を感じました。」など、一見、教師が楽をするためのシステムに見えていても、実際に使ってみると自分の指導を見直すことにつながる。つまり、指導と評価の一体化と働き方改革を同時に進める一石二鳥のシステムであるということが確認できたのです。

　道徳学習の書籍には、「コンテンツベース」ものがたくさんあります。そのため、学校現場の授業研究もいまだにコンテンツベースの議論が多いと思います。SNS上の情報発信や板書の投稿を見ていてもそういうことを感じます。

　これをコンテンツベースに変えていくにはどうしたらよいか。私は内容項目や教材を深く考えることを否定しているのではありません。「子どもたち

が自分の生き方にどう向き合い、どう学ぶのか」という視点で、道徳学習を考えてほしいという思いを大変お忙しい学校現場にいかにお届けすることができるか。その1つの方法として、本書のシステムをつくったのです。

これからの社会は、予測困難な変化の激しい時代がやってきます。我が国の少子高齢化は、労働人口の減少につながり、多くの外国人との共生、そしてAIとも共生していく社会に変化していくはずです。いままでの日本の当たり前が通用しなくなる可能性もあります。

こうした中をたくましく生きていく子どもたちを育てるためには、「引率型授業から伴走型授業へ」「教師が『伝える』学習から、子どもと『ともに考え創造する』学習へ」と道徳学習も転換していく必要があるのです。これが、道徳教科化で求められている「質的転換」なのではないか、と私は考えます。

異なる文化の人々と共生してくために、これまでわが国で大切にされてきたことを十分に理解し、自分の言葉で語ることができることはもちろん必要です。しかし、礼儀は大切というようなこと自体も、必ずしも全員が同じ熱量でそう思っているわけではありません。

もちろんだからと言って、礼儀なんていらないとか、なんでもありということでもありません。大事だと思う熱量の違いがあるからこそ、互いにどうありたいかを対話し、多様性の中で、よりよい社会を共につくるパートナーになれるように共生していく社会が必要なのです。

茶碗のように固いもの同上がぶつかると、ひびが入り、傷つきます。「これが正しい」と自分の考えに執着したり頑固になったりすると、自分とは違う価値観を許せなくなってしまう。これでは、これからの共生社会で幸せに生きていくことは難しいかもしれないのです。

「みんなちがってみんないい。」は、言葉が独り歩きすると、「人それぞれ勝手にしてよい。」という誤解も生みだすでしょう。「みんな（それぞれ）ちがって（いても、）みんな（それぞれが）いい（存在である）」ということが大事にされていくと、互いを尊重し合いながら、価値観の違いに寛容になり、対

話のテーブルにつくことができるのではないでしょうか。

　SNS は、井の中の蛙です。表示される情報は、自分と近い考えの「フォローしている人の情報」が多くなります。意見が違う人はそもそも表示されていなかったり、ブロックをしているのでそもそも表示されなかったりするという可能性もあります。SNS 中心の情報収集では、多様性の中での寛容な生き方とは違う方向にいってしまうかもしれません。もちろん、誹謗中傷など、ブロックをすることが必要な場合もありますので、それを否定するものではありません。

　意見を単にぶつけ合うだけでは、建設的な創造はできません。

　これからの時代をみんなで幸せに生きていくためには、「しなやかに」そして「変化し続ける」ことが大切なのです。だからこそ、「伝える学習」から「ともに考え創造する学習」へと転換してほしい。そのためには、教師自身がコンピテンシーベースで学びを捉えられるようになり、子どもがどのように学ぶのか、教師は子どもとどのように学ぶのか、という視点で授業づくりをしてほしいのです。

　本書と本システムが、子どもと学びを作るしなやかな先生たちの働き方改革につながり、余裕の中で、よりよい先生たちの生き方、働き方、子どもの幸せが生まれることを期待します。

札幌国際大学　安井政樹

『特別の教科　道徳　指導と評価支援システム』付録資料について

　本書で紹介している「指導と評価支援システム」（エクセルファイル）は、東洋館出版社ホームページ内にある「マイページ」からダウンロードすることができます。ただし、本書のデータを入手する際には、会員登録及び下記に記載しているユーザー名とパスワードが必要になります。

　なお、児童の評価に関わる資料なので、パスワードを設定するなどして厳重に管理するようにしましょう。

◆入手の方法について

① 　東洋館出版社ホームページ（https://www.toyokan.co.jp/）にアクセスします。

② 　すでに会員である場合は、メールアドレスとパスワードを入力後にログインしてください。会員でない場合は必須項目を入力後、「アカウントを作成する」をクリックしてください。

③ 　マイアカウントページにある「ダウンロードページ」をクリックしてください。

④ 　対象の書籍をクリックし、下記のユーザー名とパスワードを入力してください。

　　ユーザー名：doutokuhyouka

　　パスワード：U8AdtGzW

◆使用上の注意点及び著作権について

・リンク先にはパソコンからアクセスしてください。スマートフォンではファイルが開けないおそれがあります。

・エクセルファイルを開くためには、Microsoft Excel がインストールされていることなどが必要です。

・収録されているファイルは、著作権法によって保護されています。

・著作権法での例外規定を除き、無断で複製することは法律で禁じられています。

・収録されているファイルは、営利目的であるか否かにかかわらず、第三者への譲渡、貸与、販売、頒布、インターネット上での公開等を禁じます。

◆免責事項について

・ファイルの使用で生じた損害、障害、被害、その他いかなる事態についても弊社は一切の責任を負いかねます。

・お問い合わせは、下記のページからのみ受け付けます。
https://www.toyokan.co.jp/pages/contact

・パソコンやアプリケーションソフトの操作方法については、各製造元にお問い合わせください。

特別の教科　道徳　指導と評価支援システム

2023（令和5）年3月25日　初版第1刷発行

著　者　安井政樹
発行者　錦織圭之介
発行所　株式会社東洋館出版社
　　　　〒101-0054　東京都千代田区神田錦町2丁目9番1号
　　　　　　　　　　コンフォール安田ビル2階
　　　　（代　表）　03-6778-4343／FAX 03-5281-8091
　　　　（営業部）　03-6778-7278／FAX 03-5281-8092
　　　　URL　　　https://www.toyokan.co.jp

カバーデザイン　　　　株式会社細山田デザイン事務所　米倉英弘
本文レイアウト・組版　岩岡印刷株式会社
印刷・製本　　　　　　岩岡印刷株式会社
ISBN　978-4-491-05112-3／Printed in Japan